LOS 40 PERFECTOS

Cómo vivir tu mejor vida y envejecer con gracia y sabiduría

POR
LANA SHABDEEN

Copyright © 2023 por Lana Shabdeen

Visite el sitio web de la autora en www.lanashabdeen.com

Todos los derechos reservados. Queda prohibida la reproducción total o parcial de este libro sin la autorización por escrito del editor o del autor, salvo en los casos permitidos por la legislación estadounidense sobre derechos de autor. Para obtener permisos, diríjase a: contact@lanashabdeen.com

El objetivo de esta publicación es proporcionar información precisa y fidedigna sobre el tema tratado. Se vende en el entendimiento de que ni el autor ni el editor se dedican a la prestación de servicios jurídicos, de inversión, de contabilidad u otros servicios profesionales. Aunque el editor y el autor se han esforzado al máximo en la preparación de este libro, no ofrecen ninguna declaración ni garantía con respecto a la exactitud o exhaustividad de su contenido y rechazan específicamente cualquier garantía implícita de comerciabilidad o idoneidad para un fin determinado. Ninguna garantía puede ser creada o extendida por representantes de ventas o materiales de ventas escritos. Los consejos y estrategias aquí contenidos pueden no ser adecuados para su situación. Debe consultar con un profesional cuando sea apropiado. Ni el editor ni el autor serán responsables de lucro cesante ni de ningún otro daño comercial, incluidos, entre otros, daños especiales, incidentales, consecuentes, personales o de otro tipo.

1ª edición, marzo de 2023
Rústica ISBN: 979-8-9880211-6-2

A mi familia.
Soy quien soy hoy gracias a ustedes.

*Existe una fuente de la juventud:
Es tu mente, tus talentos, la creatividad que aportas a tu vida y a las vidas de las personas que amas. Cuando aprendas a aprovechar esta fuente, habrás vencido realmente a la edad.* [1]
—SOPHIA LOREN

---

[1] Karen Salmonson, "7 aging quotes: inspiring reminders to feel happy about getting older," *www.notsalmon.com* (blog), Access date December 10, 2021, https://www.notsalmon.com/2018/11/10/aging-quotes-inspiring/.

TABLE OF CONTENTS

AGRADECIMIENTOS vii

NOTA AL LECTOR viii

CAPÍTULO 1: ¡Los Cuarenta Perfectos! 1

CAPÍTULO 2: Mi Historia 15

CAPÍTULO 3: Es un proceso que lleva tiempo 26

CAPÍTULO 4: El número cuarenta 41

CAPÍTULO 5: La charla inapropiada 55

CAPÍTULO 6: Aceptación 68

CAPÍTULO 7: Mentiras 84

CAPÍTULO 8: Qué Esperar 96

CAPÍTULO 9: Miedo 108

Capítulo 10: Los problemas de los Millennials 121

CAPÍTULO 11: Mantenerse al día con la tendencia 137

CAPÍTULO 12: Oh, ese sentimiento de culpa 152

CAPÍTULO 13: Simplemente sé feliz. Sé tú… 165

CAPÍTULO 14: Explorar 182

CAPÍTULO 15: Oh, cómo todos deseamos poder permanecer jóvenes para siempre 193

¿QUÉ PUEDO SACAR DE ESTE LIBRO? 200

REFERENCIAS 211

SOBRE EL AUTOR 216

AGRADECIMIENTOS

Un agradecimiento especial a mi marido, Rim, por estar a mi lado y apoyarme durante todo este proyecto. Gracias a mi hermana, Kristina, por tus constantes ánimos. A Michael K. Ireland, mi editor, gracias por tu orientación. Y gracias especialmente a vosotros, mis lectores. Espero que este libro os ayude a perseverar cuando aparezcan obstáculos en vuestra vida. Para mí, este libro podría no haberse terminado nunca si me hubiera rendido cuando los retos intentaron obligarme a dejar de escribir. En cambio, perseveré y seguí creyendo en mí misma y en este libro. Así que, hagas lo que hagas, persiste. No te rindas nunca. Así es como los sueños se hacen realidad.

—*Lana*

NOTA AL LECTOR

Estimado lector,

Mientras lees este libro, te invito a que utilices las páginas del Diario que se incluyen al final para anotar tus reflexiones. He incluido algunas hojas de trabajo para que lleves la cuenta de tus progresos y de qué más necesitas trabajar a medida que contemplas tu vida y te adentras en la vida consciente. Que lo disfrutes.

Con amor, Lana

CAPÍTULO 1

¡LOS CUARENTA PERFECTOS!

Sin importar el año en que nos encontremos, los acontecimientos mundiales o las modas del momento, el envejecimiento es inevitable. Aunque no podamos evitar envejecer, no estamos obligados a envejecer en espíritu. En los cumpleaños, la mayoría de las personas experimentan sentimientos positivos. La alegría y el regocijo de ser más viejos los abrazan con entusiasmo. Sin embargo, algunas personas ven más allá. A pesar de sentir también esa alegría y júbilo, no pueden evitar considerar el aspecto negativo. Ven los cumpleaños como un recordatorio de que el tiempo es finito. Y esto es una verdad ineludible: a medida que envejecemos, nuestros días en la Tierra disminuyen. No es mi intención infundir temor, sino más bien recordarte dos realidades fundamentales: todos envejecemos, y mientras lo hacemos, nuestros días se agotan.

Entonces, ¿cuándo es el momento perfecto para vivir la vida, algo que todos buscamos? Este libro se centra en la idea de que los 40 años son una edad perfecta. Explora cómo nos sentimos a medida que envejecemos, especialmente en la transición de los treinta a los cuarenta, ese breve intervalo en el que sentimos que se han acumulado 30, 40 o más años. No se centra en los achaques físicos que podemos experimentar al acercarnos a los 40, como dolores de espalda, rodillas, la pérdida de cabello o el aumento de peso. En su lugar, aborda la montaña rusa emocional, lo que pensamos y sentimos mentalmente a esa edad.

Nada puede detener el inexorable paso del tiempo, y tampoco existe forma de ralentizarlo. Las máquinas del tiempo, aunque fascinantes en la ficción, son una invención que no tiene cabida en la realidad. Aunque es curioso que, en un mundo tecnológicamente avanzado como el actual, uno podría pensar que el viaje en el tiempo debería ser posible, la verdad es que, incluso si pudieras viajar al pasado, no revertirías tu edad actual; seguirías siendo tan viejo como eres hoy, sin un minuto menos. Las máquinas del tiempo pueden llevarte al pasado, pero no pueden cambiar tu edad. Una vez que concluyes tu visita al pasado, regresas a la realidad. De manera enigmática, la edad es la única constante que siempre avanza, nunca retrocede.

Para algunas personas, llegar a los 40 años significa que han alcanzado la mitad de su vida, mientras que, para otros, representa la mayor parte de su trayecto. Aunque esto pueda parecer sorprendente, es una realidad. No importa si eres religiosa o no, cada uno de nosotros debe enfrentar esta verdad y hacer lo mejor con el tiempo que nos queda por delante. Debemos prepararnos para ello y vivir de acuerdo con esa realidad, sin depender de la fantasía de una máquina del tiempo. Religiosos o no, llegará el día en que nos despidamos de este mundo para siempre.

¿Por qué no lo llamamos "Los 40 Perfectos"? Es, de hecho, la edad perfecta para muchas cosas. Piénsalo. Los cuarenta son el momento propicio para hacer esos cambios audaces, tomar decisiones que transforman la vida. Puede que aún no hayas tomado esas decisiones audaces, pero si no lo has hecho, tal vez no haya un momento mejor que el presente. Esta es la etapa en la que tus elecciones se manifiestan. Te preguntas, ¿qué resultados son esos? Como joven adulta, has recibido consejos, el principal de ellos es vivir sin arrepentimientos. Así que, haz lo que tu corazón te dicte. También te dirán que tomes decisiones considerando tu futuro. Todos anhelamos la felicidad, por lo que te aconsejarán que todas tus acciones deben contribuir a tu felicidad presente y futura. El arrepentimiento, en su mayoría, es un efecto futuro. Rara vez se siente inmediatamente. Cuando te dicen que te cases por amor, es porque se necesita en la vida más adelante. Si te casas por necesidad en lugar de amor, tu matrimonio se resiente. Aunque puedas sentir los efectos de inmediato, empeoran con el tiempo, y ese punto crítico suele rondar los cuarenta años. A los 40, tu vida refleja plenamente cómo viviste tus años de juventud. Eres un reflejo de las decisiones y sacrificios que hiciste. Tus frutos comienzan a manifestarse plenamente a los 40. ¿Son los 40 la edad perfecta? Estoy aquí para ayudarte a descubrirlo.

Tómate un momento para reflexionar antes de continuar con el libro. ¿Qué hace que la vida sea perfecta para ti? ¿Cuáles son las cosas que consideras indispensables en tu vida? ¿A quiénes valoras más en tu vida? ¿Prefieres la sencillez o disfrutas de los desafíos en tu vida? ¿Eres madrugadora o te encanta dormir hasta tarde? ¿Prefieres la comida fresca o la comida rápida? ¿Te gusta cocinar o limpiar? ¿Disfrutas haciendo ejercicio o te sientes satisfecha con tu rutina actual? ¿Sigues disfrutando de las noches de fiesta o prefieres estar en la cama a las 9 en pijama con un buen libro o una película? ¿Qué es lo que más disfrutas de tu día? ¿Y lo que más valoras de ti misma?

A los 40 años, ya tienes respuestas a estas preguntas. Es una etapa en la que puedes confiar en tu madurez, sabiendo que tus elecciones y decisiones están fundamentadas en las experiencias que has vivido y las circunstancias que han moldeado tu vida. Tienes seguridad en los acontecimientos que ocurren en tu vida. A diferencia de tus dudas en tus veinte debido a la inexperiencia o de los riesgos audaces que tomaste en tus treinta, ahora sabes con certeza lo que te hace feliz y lo que te retiene. Si aún no lo sabes, ¿quién dice que es demasiado tarde para descubrirlo? La sabiduría dice que no es tarde hasta que realmente lo sea. Hasta el último aliento, el autodescubrimiento continúa.

Si a los 40 años te encuentras insegura acerca de tu vida, de lo que deseas, de quién eres, de tus preferencias, te animo a que hagas una lista. Lo primero es reconocer que necesitas tomar conciencia de estas cosas. El autoconocimiento es esencial para todos los seres humanos, y nadie debería hacerte sentir un fracasado por no haberlo comprendido antes (recuerda, 40 no es tarde, ¡es solo 20 veces 2!). Lo importante es que ahora lo sepas. Busca respuestas a estas preguntas, profundiza en tus reflexiones y, al mismo tiempo, mantén tu bienestar y felicidad a largo plazo en mente.

A los 40, no es demasiado tarde para comenzar una nueva etapa en la vida. Una vez que tengas estas respuestas, elimina y cambia lo que no te haga feliz. La vida es demasiado corta para invertirla en personas y situaciones que te entristecen, decepcionan, agobian o molestan. En esta etapa, en lugar de buscar complacer a los demás, debemos centrarnos en lo que nos hace felices. Deberías vivir de los dividendos de la inversión que has hecho en ti misma. La verdad es que no puedes complacer a todos, y, en realidad, tu felicidad es algo personal. Los demás pueden cambiar, y tú también puedes hacerlo. Adelante, hazlo.

Hasta los 40, hacemos locuras, ponemos a prueba nuestros límites y descubrimos lo que nos importa (y lo que no). Descubrimos nuestras preferencias políticas (o si realmente tenemos alguna), a los amigos que están dispuestos a disfrutar de una maratón de Netflix y relajarse con nosotros, y a aquellos a quienes debemos evitar. También conocemos nuestros lugares de comida para llevar favoritos (y aquellos que nuestro estómago no puede soportar al día siguiente), nuestras series de televisión preferidas y aquellas que no nos agradan, y las personas que nos hacen reír o deprimir. La lista es interminable. Sabemos quiénes somos y qué significa todo lo que nos rodea. Sabemos cómo afrontar los retos y gestionar nuestros miedos. Conocemos lo que nos inspira y lo que nos asusta. Pero a los cuarenta, comenzamos a disfrutar de la vida de verdad.

La vida empieza de verdad a los cuarenta.
Hasta entonces, sólo estás investigando.[2]
—**CARL G. JUNG**

Jung no podría haberlo dicho mejor. Cuando llegamos a los cuarenta, hemos investigado mucho sobre quiénes somos en realidad. Parece gracioso que hayamos hecho un montón de locuras antes de los cuarenta, pero ¿puede compararse el resultado con la preparación? Míralo de esta manera. Te estabas preparando para la vida antes de los cuarenta; de hecho, lo estabas. Ya no nos dicen (o no deberían decirnos) lo que

---

[2] Carl Jung, www.goodreads.com, Access date December 5, 2021, http://www.goodreads.com/quotes/4483092-life-really-does-begin-at-forty-up-until-then-you.

tenemos que hacer. Tenemos nuestros valores, puntos de vista y opiniones. A lo largo de los años de investigación, hemos dejado pasar muchos miedos o hemos aprendido a vivir con ellos. A los 40, hemos experimentado el amor, el odio, la ira, el miedo, el horror, la alegría, la sorpresa, la tristeza, la traición, las decepciones, la confusión y los celos. Lo hemos vivido todo. Hemos aprendido a manejar todas y cada una de las situaciones por nuestra cuenta. A esta edad, notamos diferencias evidentes. Sabemos cuándo nos están tomando el pelo, cuándo nos están maltratando o cuándo nos quieren, gracias a años de diversas experiencias. Si tuviéramos que escribir un currículum sobre nuestra vida para nuestro 40 cumpleaños, podríamos decir fácilmente que tenemos bastante experiencia. El nivel de competencia de cada uno sería diferente, obviamente, pero creo que, al igual que Microsoft Word, todos hemos trabajado con él.

Cuando cumplí 39 años, ¡tenía miedo! Y estoy segura de que no soy la única que dice que la parte más aterradora de la vida para muchas mujeres es envejecer. Incluso existe un nombre para el miedo a envejecer: gerascofobia. Es una forma de ansiedad o fobia que nos hace sentir que nunca volveremos a ser las mismas. Sé que hay algunas mujeres a las que no les importa el proceso de envejecimiento y simplemente viven tranquilamente la aceptación del proceso más natural de la vida. Pero para algunas de nosotras, incluida yo, esta aceptación no fue tan fácil. Ese miedo es real. Puedo confirmarlo personalmente.

LOS 40 PERFECTOS

Los CUARENTA son ese hito de media vida en el que pasamos a ser mujeres maduras. Decimos cosas como: "Oh, me estoy haciendo vieja". Y es cierto, lo estamos. Después de cumplir los 35, a la mayoría de las mujeres nos preocupa envejecer. Todo el mundo habla de los cambios que se producirán cuando envejezcamos, pero la verdad de lo que eso significa realmente no se asimila hasta que estamos cerca de los 40 años. En ese momento, el miedo se cuela en nosotras: miedo a perder la juventud, miedo a que nos salgan arrugas, miedo a no tener más hijos, miedo a no tener suficiente energía, miedo a tener problemas de salud y miedo a no haber logrado lo suficiente en la vida.

A los 40, algunas mujeres continúan solteras y no han encontrado a su "otra mitad", otras no han tenido hijos y algunas se han divorciado. Otras enfrentan desafíos en sus vidas, aún están en proceso de autodescubrimiento o no saben lo que quieren de la vida. Todos estos prejuicios en la vida generan miedos, como el miedo a no alcanzar nuestras metas, a no lograr lo que nos proponemos y a que sea demasiado tarde. Todos estos son miedos de mediana edad. Algunos los experimentamos a los 40, mientras que otros un poco antes o después. Es completamente normal sentir miedo, pero no debemos validar estos miedos con aceptarlos. Define quién eres y redefine tu vida a través de la renovación de tu mente. Debes comprender que los 40 no marcan el fin de la vida, ni el fin de la tuya, ya que, de lo contrario, no estarías leyendo este libro. En lugar de ceder ante tus miedos, enfréntate a ellos. ¿Tienes miedo de perder tu juventud? Y si así fuera, ¿qué importa? Si la juventud se va, con sus coqueteos, salidas y aventuras, ¿es la juventud todo lo que hay en tu vida? Piénsalo, ¿ser joven es lo que te determina o es sólo una parte de ti? Crecemos constantemente, y es muy contradictorio esperar que nuestra edad no crezca con nosotros. Al igual que la juventud tiene sus peculiaridades, tener 40 años también las tiene.

En algún momento, cuando pasamos la barrera de los 35 años, reflexionamos sobre quiénes somos, nuestro propósito en la vida, nuestros valores, nuestros amigos y el trabajo que desempeñamos (y si estamos contentos con este). Tomamos decisiones sobre lo qué es importante para nosotros. Nos preguntamos si esto o aquello nos brinda felicidad o tristeza. Evaluamos si amamos u odiamos nuestro trabajo, nuestro entorno y si estos aportan valor a nuestra vida. Cuestionamos si vale la pena invertir tiempo en ellos. Son muchas las preguntas que surgen en ese momento. Luego, en función de cuáles sean nuestras respuestas, podemos decidir qué hacer al respecto. Si es necesario, hacemos cambios. Si nos hace felices, debemos continuar. Si no nos hace felices o no aporta valor a nuestra vida, debemos dejarlo. No es necesario perder tiempo ni esperar indefinidamente para que algo funcione. Ninguno de nosotros sabe cuánto tiempo estaremos en esta tierra. La marca de los 40 es un buen momento para pensar en la vida, reevaluar cómo empleamos nuestro tiempo y asegurarnos de no desperdiciarlo.

Esto no sólo es común en las mujeres, sino también en los hombres. Es entonces cuando todo el mundo habla de la crisis de los 40 en los hombres. Los hombres atraviesan la crisis de la mediana edad experimentando algunos de los siguientes síntomas: disminución de la satisfacción vital, aumento de la tristeza, incremento de los cambios de humor, toma de decisiones espontáneas, orientación al cambio, finalización de planes o abandono, frustración e irritabilidad con el trabajo, la familia o con uno mismo y retraimiento. (Etic Patterson, 2022)

Cuando nos acercamos a nuestro 40 cumpleaños, nos sentimos de forma diferente a como nos hemos sentido en cualquier otro cumpleaños que hayamos tenido. En mi caso, me sentía asustada, preocupada e incómoda; mi mayor temor era no tener tiempo suficiente para hacer todo lo que quería. Para mí, la vida era mucho más que eso. Quería hacer mucho más.

Tengo tías y tíos que llegaron a los 40 años en su momento. Recuerdo cómo eran a esa edad. Lo primero que me vino a la mente fue: '¿Me veo tan mayor como ellos a los 40? Parecían mayores, al menos para mí. Daba la impresión de que no les importaba lo que habían logrado en sus 40 años de vida, ni lo que querían hacer con el resto de sus vidas. Parecía que habían dejado de esforzarse y de perseguir sus sueños solo porque habían alcanzado los 40. Tenían a sus parejas, uno o dos hijos, y eso era su vida. Odiaban sus trabajos, pero seguían en ellos. Habían obtenido una educación, pero ya no les interesaba. Abandonaron sus pasatiempos. Parecía como si hubieran dejado de crecer como personas. Yo no quería ser así. No deseaba sentirme de esa manera. Incluso después de los 50 o 60, quiero continuar y aprender más sobre la vida, el mundo, sobre las cosas nuevas que hay ahí fuera. Quiero continuar y crecer como persona. Quiero continuar y evolucionar para ser una persona más grande y mejor, aprendiendo y explorando. ¿Por qué dejar de ser alguien que quieres ser al cumplir cierta edad? ¿Por qué dejar de aprender y evolucionar sólo por la edad?

Así que, a pesar de todo esto, ¿por qué llamo a nuestra cuarta década de la vida 'los 40 perfectos'? Es una edad perfecta para no preocuparse por lo que piensen los demás, para hacer lo que realmente deseas y no lo que te dictan los demás, para convertirte en la persona que deseas ser. A los 40, es una edad perfecta para ser feliz, confiado y contento, y para ser quien quieras ser. Imagina a una persona de 40 años en tu mente. Lo primero que te viene a la mente es que esa persona es un adulto. Y esa es la verdad. A esta edad, nadie tiene el derecho de imponerte sus decisiones ni de decirte cómo vivir tu vida. De hecho, los más jóvenes te admiran. Es el momento en el que has recorrido un largo trayecto, has recibido elogios y enfrentado críticas. A los 40 años, no se puede afirmar que hayas tenido una vasta experiencia de vida, ya que algunas personas han experimentado más de lo que podrías imaginar incluso antes de llegar a esta edad. Esto no significa que a los 40 hayas experimentado absolutamente todo en la vida. Sin embargo, a esta edad, habrás descubierto aspectos fundamentales que determinarán lo que consideras una vida perfecta. En pocas palabras, a los 40 años es cuando realizas descubrimientos significativos relacionados con tu vida. El número de hijos que vas a tener, a veces, la persona con la que vas a pasar el resto de tu vida, las cosas que más te gustan. Esto es todo: Los 40 son esa edad en la que destilas una vida intencionada basada en el conocimiento que has acumulado antes de los 40. Es la edad perfecta para convertirte en *Perfect you* a los *Perfect 40*. Con suerte, tenemos muchos años por delante. Sabemos lo que queremos o podemos averiguarlo. Los mejores años están justo delante de nosotros. Todas nuestras inseguridades han quedado atrás. Hemos aprendido muchas lecciones y estamos listos para enfrentar al mundo. Estamos listos para vivir nuestras vidas con amor y propósito: ¡con valentía, audacia y brillantez!

Aunque lo perfecto es una ilusión, ¿qué palabra es mejor para describir una vida intencionada y decidida? Apenas tienes limitaciones, tus miedos juveniles están a la mano y estás tan seguro de ti mismo; ¡esto es perfecto! Es el punto en el que das rienda suelta a las reglas de tu vida. Perfecto puede ser una ilusión, pero tiene un significado.

¿Qué puedes aprender de este capítulo?

Es natural sentirse diferente cuando se acerca tu cumpleaños, ya que muchas cosas han cambiado en el último año. Nadie debería quedarse igual; debemos seguir cambiando para mejorar. A medida que envejecemos, ganamos en confianza y sabiduría. Aprendemos a comprender lo que realmente queremos en la vida.

Notas del diario

_____
_____
_____
_____
_____
_____
_____
_____
_____
_____
_____
_____
_____

Pregúntate...

1. ¿Tienes confianza en ti mismo?

   _____
   _____
   _____
   _____
   _____
   _____

2. ¿Sabes lo que te gusta o te gusta lo que les gusta a los demás?

   _____
   _____
   _____
   _____
   _____
   _____

3. ¿Tienes miedo de envejecer?

   _____
   _____
   _____
   _____
   _____
   _____

CAPÍTULO 2

MI HISTORIA

Una calurosa mañana de verano de 2018, me desperté como de costumbre y me preparé para el día. Hacía un día precioso en Los Ángeles, el tiempo perfecto para ir a la playa. Había dormido bien, mi hija se había portado bien, y mi esposo me había preparado un delicioso desayuno. El tiempo no podía ser más perfecto. Estaba descansada y lista para enfrentar el día. Todo era maravilloso aquella mañana, pero no me sentía al cien por cien. Quería llorar... pero no sabía por qué. Una tristeza inexplicable se apoderó de mí. Me sentía incompleta. A pesar de no tener preocupaciones ni motivos de queja, no experimentaba felicidad. ¿No estaba contenta conmigo misma? ¿Con mi vida? ¿Qué era?

En ese entonces, trabajaba en la empresa de mi esposo, que estaba prosperando. Contábamos con alrededor de 50 empleados bajo mi dirección. Recientemente habíamos vendido nuestra empresa de cuidados paliativos. Estaba trabajando en la creación de mi propia marca. Mi hija tenía casi dos años en ese momento y disfrutaba mucho en su guardería, rodeada de amigos. Contábamos con el apoyo constante de mis padres en el cuidado de mi hija. Además, ese año tuvimos la oportunidad de realizar varios viajes maravillosos. Sin embargo, a pesar de todo esto, sentía que algo no estaba en su lugar en mi vida, si es que eso tiene sentido.

¿Por qué me sentía así? ¿Era la primera vez que me sentía así? Cuanto más pensaba en ello, más me daba cuenta de que ya me había sentido así antes; había habido varios casos en los que simplemente había querido llorar "sin motivo". Recuerdo claramente esa sensación, y no era la primera vez que la experimentaba, ni siquiera la segunda. La semana anterior a ese día, me sentí de la misma manera. Había tenido un día maravilloso en la oficina, todo iba genial, recogí a mi hija de la guardería y regresé a casa. Pero mientras realizaba mis actividades cotidianas, luchaba contra las lágrimas, pues no me sentía feliz. Alimenté a mi hija, cené con mi esposo, realicé algunas tareas domésticas y me preparé para el próximo día. Finalmente, subí a mi habitación en busca de un momento a solas con mis pensamientos. Pasé el resto de la tarde tratando de entender qué me estaba ocurriendo. ¿Qué había desencadenado ese sentimiento? ¿Qué había sucedido? Consideré si alguien había dicho algo que me afectara y me entristeciera, pero, tras reflexionar y hacer una lista de posibilidades, nada sobresalía como la causa de mi infelicidad. Me fui a dormir, esperando que el próximo día fuera mejor.

> *Aprender del ayer, vivir el hoy y esperar el mañana. Lo importante es no dejar de cuestionarse.*[3]
> —ALBERT EINSTEIN

Durante las semanas siguientes, experimenté este sentimiento la mayoría de los días. Esto me llevó a profundizar en mi reflexión sobre por qué me sentía así. Pasé tiempo a solas, haciendo largos paseos y visitando un parque varias veces durante mi pausa para el almuerzo, solo para tomar aire fresco y meditar sobre mi situación. Era evidente que tenía que abordar este problema de alguna manera.

Bueno, todo ese tiempo de reflexión, conducir y caminar en soledad me ayudó a encontrar respuestas. Profundicé en mis sentimientos y me di cuenta de que, en realidad, no estaba contenta conmigo misma. No solo eso, sino que también descubrí que tenía miedo de envejecer. Al mirar mis fotos de hace diez años, noté que parecía mucho más joven en aquel entonces. Mi piel lucía diferente, y me sentía diferente. En aquel

---

[3] Albert Einstein, www.brainyquotes.com, Access date December 5, 2021, http://www.brainyquote.com/quotes/albert_einstein_125368.

entonces, mi cuerpo no experimentaba dolores ni molestias aleatorias, y tenía mucha más energía. Me invadieron pensamientos sobre cómo ya no era la misma mujer joven, enérgica y de aspecto juvenil que era a los veintiséis años. Estaba envejeciendo, no rejuveneciendo. Parecía absurdo pensar y decirlo, ¿verdad? Observé mi reflejo en el espejo, escudriñé mi cuerpo, noté los kilos de más que había acumulado y me di cuenta de que no estaba satisfecha. Tenía miedo de que las cosas empeoraran, que las arrugas se hicieran más profundas, que los dolores corporales aumentaran y que nunca volvería a ser más joven. Me sentí abrumada.

Así que comencé a escribir, desmenuzando cada asunto uno por uno. Escribir siempre me ha ayudado a poner las cosas en perspectiva. Me permite abordar los problemas desde diferentes ángulos y a menudo me ayuda a priorizar, organizarme y establecer metas. Después de pensar detenidamente, me observé de arriba abajo, anoté todo lo que no me gustaba y lo que sí me gustaba, y me hice la siguiente pregunta: "¿Qué puedo hacer para sentirme y parecer mejor? ¿Qué acciones puedo tomar para cambiar los sentimientos que experimento? ¿Cómo puedo evitar volver a sentirme como lo hice en el pasado?

Después de un tiempo, se me ocurrieron algunos elementos de acción. Decidí cuidarme mejor, concentrarme más en mí misma, hacer más ejercicio, comer alimentos saludables, consumir colágeno, y seguir tratamientos faciales antienvejecimiento para combatir el envejecimiento de mi piel y mi cuerpo. Era hora de aplicar Botox, así que fui y me lo hice. Elegí ropa más elegante para el trabajo, eran diferentes a mi "uniforme" habitual en sí y me hacían sentir un poco mejor. Allí decidí que elegiría mi vestimenta a diario, de mal o de buen humor, pero no apresurarme a ponerme mi "ropa estándar" todos los días. Decidí comer alimentos más saludables y buenos para mí, más sopas y ensaladas, más frutas y verduras y reducir mi consumo de azúcar. Haría todo lo posible para mantener la mejor dieta posible para mí. Prometí que haría todo lo posible para cuidar de mí y de mi cuerpo. Haría todo lo que pueda para ayudar a que mi cuerpo esté sano, lo que a la larga me ayudará a sentirme y verme más saludable. No quería dolores corporales, pero entendí que hacer ejercicio era lo primero que tenía que hacer y de manera constante. En segundo lugar, estaba la dieta, que ya había mencionado antes. Comencé a tomar algunas clases y, finalmente, decidí contratar a un entrenador personal para realizar ejercicio dos veces por semana. Me inscribí en un gimnasio para poder ser más activo además del entrenamiento personal. Compré más ropa deportiva y convertí la actividad física una prioridad para mí. Tuve que hacer esos cambios por mí mismo. No podía esperar un resultado sin poner mucho esfuerzo en ello. En ese momento de mi vida, simplemente tenía que hacerlo. Tenía que hacerlo por mí, por mi cordura, por mi bienestar general y por mi futuro.

A los pocos meses de trabajar sobre mí mismo, comencé a notar que comencé a recibir elogios de las personas que me rodeaban. Honestamente, y quizás de manera predecible, me hizo sentir genial. En ese momento, comencé a notar un cambio tanto en cómo me sentía como en mi apariencia. Esto me motivó aún más. Me aseguré de ser lo más constante posible y me esforcé más. Las cosas empezaron a volverse más fáciles a medida que avanzaba en mi transformación personal. Hice todo lo que pude hasta cierto punto, dándolo todo, porque sabía que, si no lo hacía yo, nadie más lo haría por mí. Sabía que estaba haciendo algo bien y, a medida que me sentía mejor, sentí un cambio en mi vida en general.

También me di cuenta de cuánto más podía ver y aprender mientras me centraba en mí misma. Empecé a ver las cosas desde una perspectiva diferente y a percibir a las personas de manera distinta. Empecé a darme cuenta de lo que realmente me importaba más. Una vez que comencé el cambio, el resto de los cambios buenos siguieron por sí solos. Me encantó porque me permitió crecer cada vez más como individuo.

Pasaron unos años y cumplí 39. Me di cuenta de que: "¡Mi próximo cumpleaños es el gran 4-0! ¡Santa vaca! Yo no lo podía creer. Los 40, era la cuarta década... ¡la próxima década son 50! No me había sentido de esta manera cuando cumplí 30. No me preocupé por llegar a los 40 en ese entonces. Cuando cumplí 30, ni siquiera pensé: "¿Dónde se fueron mis 20?". ¿Por qué ahora? ¿Qué fue tan importante? En este punto, realmente me estaba cuidando. Pero lo que sentí al cumplir 39 años fue tan extraño, tan diferente, tan desorientador. ¡Pensé que era esa tía! La que recuerdo que no tenía ambiciones, no tenía deseos de cuidar de sí misma, que no tenía metas en la vida. Aunque esa tía es de la década de 1990, todavía me hizo pensar. ¿Tengo el aspecto que recuerdo de mis familiares? ¿Me comporto como recuerdo que lo hacían? ¿Me visto como la tía que recuerdo? ¿Tengo metas? ¿Cuáles son mis objetivos fuera de la familia? ¿Sigo siendo ambicioso? Todas estas preguntas y más pasaron por mi mente.

Una vez más, agarré mi lápiz y mi papel favoritos y comencé a escribir. Enumeré mis metas, tanto a corto como a largo plazo, lo que me gustaba de mí y lo que aún quería cambiar. Quería definir lo que me haría sentirme a gusto en mi propia piel. A este punto, no me importaba lo que otros pensaran de mis acciones, palabras o cualquier cosa que decidieran comentar. Mi enfoque era yo mismo y lo que deseaba. Sin embargo, también sentía miedo. Ese día, muchas ideas diferentes pasaron por mi cabeza. Nunca antes había sentido tanta emoción por cumplir años. Así que, el 1 de abril de 2021, salí a dar un paseo pensando: "¿Y ahora qué? ¿Qué debo hacer? No puedo detener el proceso de envejecimiento. No puedo revertirlo. Ya hice algunos cambios positivos hace algunos años, pero aquí estoy, preocupada por mi edad. A pesar de toda la tecnología disponible, hay ciertas cosas que no puedo cambiar. Incluso con la cirugía plástica, la edad seguirá manifestándose. Por más que quiera escapar de ello, el envejecimiento es una realidad y tengo que aceptar las reglas del universo.

Más tarde, mientras reflexionaba sobre el proceso de envejecimiento, intenté recordar si alguna persona mayor que yo, ya fuera un poco mayor o mucho mayor, me había hablado sobre cómo se sentía al cumplir cierta edad. No recordaba que nadie lo hubiera hecho nunca. Claro, en cierto punto de la vida, todos expresamos que no nos gustan los cumpleaños, que evitamos hablar de nuestra edad y que preferimos no envejecer, entre otras cosas. Pero nadie había compartido sus sentimientos sobre lo incómodo que puede ser cumplir un año más.

Entonces, comencé a buscar respuestas. Realicé búsquedas en Google, exploré blogs, participé en foros y chats, buscando información que pudiera ofrecer apoyo y decirme que lo que estaba sintiendo estaba bien, y que no estaba sola en esto. Busqué durante mucho tiempo, pero la mayoría de los resultados se centraban en temas como la menopausia, la perimenopausia, qué esperar a los 60 años, y otros temas relacionados con la madurez. Google arrojaba muchos resultados sobre arrugas, cómo parecer más joven, y listas de "40 cosas que hacer antes de cumplir 40", pero nada me proporcionaba las respuestas que buscaba. No me sentía tranquila. Aunque podría haber hablado con mi madre o con mi hermana mayor, no quería preocuparlas ni que pensaran que estaba volviéndome loca. A medida que seguía investigando, finalmente encontré la respuesta: estaba dentro de mí. Comprendí que podía encontrar la paz, la fuerza y la felicidad, y todo dependía de mi forma de pensar. Más adelante en el libro, compartiré los detalles de lo que descubrí y cómo podemos afrontar esta etapa de la vida.

¿Qué puedes aprender de este capítulo?

Está bien sentirse emocionado por envejecer. Necesitas escuchar tu cuerpo y tu mente. Si algo te molesta, debes prestar atención y resolverlo. No lo ignorarás simplemente.

Realizarás los cambios que deseas ver, incluso si es un paso a la vez.

Notas del diario

_____
_____
_____
_____
_____
_____
_____
_____
_____
_____
_____
_____
_____

Pregúntese...

1. ¿He notado un cambio en mí, cambios físicos o cambios mentales?
   _____
   _____
   _____
   _____
   _____
   _____

2. ¿Qué cambios he notado?
   _____
   _____
   _____
   _____
   _____
   _____

3. ¿Estoy de acuerdo con los cambios?
   _____
   _____
   _____
   _____
   _____
   _____

CAPÍTULO 3

ES UN PROCESO QUE LLEVA TIEMPO

Después de una búsqueda infructuosa en Google y la incapacidad de encontrar un libro que pudiera proporcionar las respuestas que necesitaba, llegué a la conclusión de que tal vez todas las respuestas estaban dentro de mí. Fue en ese momento que decidí que era crucial hablar con alguien de confianza, alguien con quien me sintiera cómodo. Mis elecciones recayeron en mi hermana y mi madre. Estaba segura de que podría encontrar algunas respuestas al dialogar con ellas.

Un día, decidí hablar con mi hermana Kristina, que ahora tiene 45 años. Somos increíblemente cercanas y compartimos muchos aspectos de nuestra vida, pero nunca habíamos abordado el tema del envejecimiento ni cómo nos sentíamos al respecto. Sin rodeos, una mañana le planteé mis preguntas directamente: "¿Cómo te sientes en relación con el proceso de envejecer? ¿Has pensado en el envejecimiento antes o simplemente considerabas cada cumpleaños como uno más? ¿Albergas algún temor específico en torno al envejecimiento? ¿Algo que te preocupe profundamente acerca de hacerte mayor? ¿Has experimentado las mismas inquietudes que yo? Quiero decir, ¿Tuviste las mismas preocupaciones? ¿Cómo ha evolucionado tu perspectiva sobre la vida con el paso de los años? ¿Sentiste alguna diferencia entre los 30 y los 40?"

Desde que tengo memoria, solía burlarme de Kristina por ser cuatro años mayor que yo. En su momento, también fui bastante mala en mis comentarios. Ahora, mirando hacia atrás, no me enorgullezco de esas acciones, aunque en su momento fue divertido. No obstante, durante nuestra conversación, aproveché la oportunidad para disculparme, ya que solo comprendes verdaderamente el impacto de tus acciones cuando te encuentras en la misma situación. Esa charla se convirtió en una conversación larga y significativa.

"Yo también experimenté esos mismos sentimientos y preocupaciones", compartió Kristina. "Pero a medida que envejecía, mis sentimientos y preocupaciones cambiaron de manera significativa en comparación con cuando tenía treinta y tantos años. Noté que, aparte de los cambios físicos evidentes que todos experimentamos y observamos, comencé a cuestionar más mis fortalezas internas. Cerca de mis 40 años, reflexioné sobre mis virtudes y debilidades y llegué a una conclusión importante: 'No puedo ser excepcional en todo, y eso está bien'. Comencé a verme desde diversas perspectivas y acepté que tenía habilidades en algunas áreas y no tan desarrolladas en otras. Me di cuenta de que todos somos seres únicos, sin igual en este mundo, y que no debería compararme constantemente con otros. Acepté que podía ser menos fuerte en ciertas áreas y más fuerte en otras. Reconocí mis propias ventajas y finalmente aprecié mi propio valor. Este proceso me ayudó a entender quién era como mujer y a comprender la importancia del pensamiento positivo. Aprendí cómo elevar mi espíritu y mantener una vibración positiva. Cada vez que necesitaba un impulso, me sumergía en pensamientos positivos y, en poco tiempo, me sentía mejor. Esto se convirtió en mi estrategia personal. Cada uno de nosotros tiene su propio camino. Deberías explorar el tuyo".

Es una realidad desafiante que muchas mujeres enfrentan. A medida que envejecemos, a menudo somos objeto de miradas y juicios, pero lo que la gente no comprende son las complejidades que experimentamos. El miedo al envejecimiento es una preocupación común entre la mayoría de las mujeres. Este miedo se basa en la percepción o creencia de que la vida fue mejor en la juventud o en la etapa de los treinta años. Como lo expresó sabiamente el filósofo Sócrates, "La vida sin examen no merece la pena vivirse". En otras palabras, una vida sin cuestionarse y reflexionar sobre nuestras acciones, creencias y valores carece de valor y sentido.

Piensa en tu juventud y en lo que hemos estado discutiendo hasta ahora. En gran medida, la vida en la juventud aún no ha sido analizada profundamente; más bien, se está viviendo y experimentando. Sin embargo, muchas personas no comprenden esta realidad. Dedicamos mucho tiempo a reflexionar sobre nuestros años jóvenes y a enfocarnos en las decisiones que tomamos o no tomamos. Con frecuencia, no nos damos cuenta de que hay mucho más por explorar. Nos preocupamos por la apariencia de nuestro cuerpo, por la condición de nuestra piel, y por el curso de nuestra vida. Estas preocupaciones surgen de la importancia significativa que otorgamos a nuestra juventud, a menudo sin considerar cuánto los momentos pasados pueden enriquecer nuestro presente.

Nuestras fortalezas son nuestras herramientas,
nuestra realidad personal.
Nuestras debilidades son sólo lo que no somos.[4]
—JOSEPH BATTEN

Kristina también compartió la importancia de descubrir su poder superior, algo que la ayudara a mantenerse en una

---

[4] Joseph Batten, www.picturequotes.com, Access date November 26, 2021, http://www.picturequotes.com/our-strengths-are-our-tools-our-personal-reality-our-weaknesses-are-only-what-we-are-not-quote-198452.

vibración positiva. Este poder superior puede manifestarse de diversas formas: ya sea a través de la meditación, la oración, paseos tranquilos, la escucha de mantras, música, o cualquier cosa que los eleve hacia la mejor versión de sí mismos. Todos lo poseemos en algún grado; con el tiempo, este poder superior se transforma en un poder interior. Solo requerimos trabajar en nosotros mismos y cultivarlo. Aunque el proceso lleva tiempo, una vez que lo encuentras, nada ni nadie puede derribarte. Si puedes liberarte de la negatividad, estás en el camino correcto. Si puedes recuperarte y mantener la cabeza en alto, nada podrá aplastarte. Y si alguna vez tropiezas, puedes estar seguro de que te levantarás de nuevo. Este es un poder interior genuino que se forja al conectar con tus poderes superiores. Todos creemos en algo más grande que nosotros, en poderes que nos trascienden. Lo único que necesitamos es descubrir esa conexión.

 Continué expresándole a Kristina mi pesar por haberla ridiculizado por ser cuatro años mayor que yo y por todo lo que había pasado en su vida. Ahora me enfrento a mi mayor temor: el envejecimiento, a pesar de ser cuatro años más joven que ella. Hablar con Kristina me brindó un gran consuelo y me hizo darme cuenta de que no estaba sola con mis pensamientos locos sobre quién era y hacia dónde se dirigía mi vida. Después de la conversación, profundicé aún más en mi vida para encontrarme a mí mismo y encontrar mis respuestas.

 Luego, el otro día, fue el momento perfecto y decidí preguntarle a mi mamá cómo se sentía acerca de envejecer. Mi madre comentó que apenas había reflexionado sobre el proceso de envejecer, y que eso solo le había ocurrido recientemente. A lo largo de los años, se había ocupado mucho de sus hijos y nietos, trabajando, cocinando y limpiando, lo que la había mantenido ocupada. No había tenido mucho tiempo para contemplar el envejecimiento. Esto me hizo cuestionar si esta perspectiva varía de una persona a otra. ¿Podría ser que la preocupación por el envejecimiento sea algo específico de una generación? Tal vez la forma en que mi generación ve el envejecimiento sea distinta a la de la generación de mi madre. ¿Podría ser que yo fuera la única realmente preocupada por el proceso de envejecer? Sea cual sea la respuesta, me di cuenta de que no estaba sola en esta reflexión.

Llegar a comprender que me encontraba en la mediana edad no fue un proceso que se resolviera de la noche a la mañana, ni siquiera en una semana o un mes. Me llevó varios años reconocer que mi cuerpo, mi piel, mi mentalidad y todo mi entorno estaban en un constante proceso de cambio. Este proceso no se hace evidente de manera inmediata. A pesar de que estos cambios parecían manifestarse más rápido que cualquier otra etapa de mi vida anterior, no fueron los más fáciles de aceptar. Requirió de varios años, durante los cuales ocurrieron muchas transformaciones en un período relativamente breve.

A medida que adquiría experiencia a lo largo de este tiempo, una cosa se tornó innegable: quería transmitirles a mis dos hijas que la edad es simplemente un número. Mi objetivo era proporcionarles un ejemplo positivo y demostrarles que envejecer con gracia es una posibilidad, y que amarse a uno mismo es válido sin importar la edad que se tenga. Al principio, esto parecía un desafío abrumador, y me encontraba en un estado de confusión. ¿Cómo podría reconciliar mi propio proceso de envejecimiento con el deseo de transmitirles a mis hijas una perspectiva correcta? Sabía que tenía que hallar una manera de lograrlo.

Comencé a registrar todos los logros de mi vida, asegurándome de valorar cada uno de ellos por igual, ya que cada uno era tan significativo como el otro. Anoté mis logros, desde equilibrar un trabajo a tiempo completo mientras obtenía mi licenciatura hasta mantener mi matrimonio a flote mientras asistía a la escuela y trabajaba a tiempo completo, manteniendo mis lazos familiares sin perder fechas ni días festivos importantes, y sobreviviendo a los desafíos del embarazo, el parto y la continua responsabilidad de criar a mis hijas. La lista parecía interminable, pero al escribirla, me sentí increíble. Fue un auténtico despertar, y me di cuenta de la fuerza y determinación que había demostrado a lo largo de los años.

Luego, pasé a enumerar mis arrepentimientos, mis tropiezos, aquello que no me había hecho feliz y mis errores. Describí cómo había herido a algunas personas cercanas, cómo había juzgado precipitadamente a otros sin darles oportunidad de explicarse, y cómo había actuado de formas que no me enorgullecían. Esta lista también era extensa, pero reconocer mis errores se volvía igual de importante que reconocer mis logros. A partir de ahí, sentí que debía disculparme con quienes había lastimado. Aunque tal vez no haya cambiado completamente, el simple acto de disculparme me alivió, y supe que estaba lista para un cambio en mi vida.

Estas listas marcaron un punto de inflexión real en mi vida. Me sentía más feliz, madura y en paz conmigo misma. Comprendí que la edad no era el factor crucial. Lo que realmente importaba era la sabiduría adquirida a través de las experiencias de la vida y la comprensión del verdadero significado de la existencia. Si no actuamos con sabiduría y respeto hacia los demás, ¿qué aprendemos realmente en nuestro camino? Parecía que una de las claves para alcanzar la felicidad residía en actuar de forma más sabia.

En los meses que siguieron, dedicaba tiempo cada día para estar a solas con mis pensamientos. Trabajé arduamente en busca de respuestas, y mientras enfrentaba la cuestión del envejecimiento, alcancé lo que necesitaba. Cuando cumplí 40 años, sentí que mi vida dio un giro de 180 grados. Me volví más consciente de quién era, mi confianza se fortaleció, y ya no me afectaban las opiniones ajenas. Hacía lo que me hacía feliz. Encontré mi poder interior, que mi poder superior me había ayudado a descubrir. Estaba decidida a tomar decisiones basadas en lo que realmente deseaba, sin importar lo que otros pensaran. Acepté el hecho de que el envejecimiento era inevitable... ¡pero lo abrazaba con gracia! Así que llamo a esta etapa de la vida "los cuarenta perfectos".

En lugar de cuestionar por qué los 40 años deberían considerarse perfectos, reflexionemos sobre por qué no deberían serlo. Claramente, esta etapa marca una fase de manifestación en la vida. Antes de llegar a los 40, hemos sido guiados, cuidados y educados. A partir de los 40, es cuando mostramos al mundo quiénes somos realmente. A veces, como jóvenes, las personas pueden pasar por alto nuestras acciones o excusar nuestros errores argumentando que somos jóvenes y, por lo tanto, propensos a decisiones impulsivas y poco sabias. Sin embargo, al llegar a los 40, la gente no suele brindarnos ese mismo margen de error. Existe una expectativa subconsciente de que debemos saber lo que hacemos y que somos capaces de evitar errores típicos de la juventud, considerados como parte del proceso de aprendizaje. Esta es la expectativa común que la sociedad tiene de nosotros.

Entiendo que, en lo más profundo, es posible que tengas tus propios miedos sobre el envejecimiento. No podemos culpar a los demás por no entender estos temores, ya que somos humanos y no pueden leer nuestras mentes.

Es importante reconocer que estos miedos son legítimos, pero llegar a los 40 no significa vivir con miedo. A través de mis conversaciones con mi madre y mi hermana, así como de mi propia lucha con el temor al envejecimiento, he comprendido que este proceso es parte de la vida. Existe un dicho popular que reza: "Somete al proceso y obtendrás el resultado". En otras palabras, si no te comprometes realmente con el proceso, es posible que no obtengas los resultados que deseas.

He aprendido que no estoy sola en esta experiencia. Esta constatación no elimina la aprehensión que siento, pero me hace sentir que mis miedos son normales y que el temor al envejecimiento es una respuesta natural. Lo que temía antes, ya no me afecta de la misma manera. Puedo afirmar con seguridad que se debe a que me he comprometido con el proceso. El vacío que solía sentir en relación con el envejecimiento se ha disipado. Los desafíos emocionales que surgen con el envejecimiento son algo que se puede enfrentar; hablo desde la experiencia.

Afrontar el miedo al envejecimiento es un proceso que lleva tiempo, al igual que tomó tiempo desarrollar y manifestar ese temor. No es algo que ocurra de la noche a la mañana. No despiertas un día sintiendo miedo de envejecer. No te despiertas en medio de la noche preocupado por las arrugas en tu rostro, pensando que te estás convirtiendo en una persona mayor. No te despiertas después de una buena noche de sueño sintiéndote de repente "viejo". En realidad, cuando estos miedos surgen, suelen ocultarse detrás de otras emociones. A menudo, no nos damos cuenta de lo que realmente está sucediendo. Tomando mi experiencia como ejemplo, comenzó con cambios en mis emociones. Estos miedos afectaron mis emociones de tal manera que, a pesar de tener una "buena vida", no me sentía satisfecha ni feliz. Sentía un vacío en mi interior. Solo después de un examen profundo de mí misma pude descubrir lo que estaba mal. Como dijo Sócrates, "Una vida no examinada no vale la pena vivirla."

Tomé medidas activas para abordar este problema, porque no podía permitirme vivir el resto de mi vida con ese sentimiento. Eso podría afectar gravemente mi estabilidad mental y, en última instancia, mi salud mental. Esto es algo que podría sucederle a cualquiera.

Lo positivo es que no es necesario sentirse así acerca de la vida. Siempre hay oportunidad de hacer cambios. El primer paso es identificar la causa de lo que sientes, y esto se logra a través de la reflexión. Date tiempo para explorar tus pensamientos y emociones; no necesitas resolverlo todo en un solo día. Recuerda, el proceso lleva tiempo.

Quizás decidas confiar en alguien cercano a ti, como yo lo hice. Puedes plantear preguntas sobre el envejecimiento y todo lo que implica, buscando respuestas que te conduzcan a la felicidad. La lección que la gente debería extraer de tu vida no debería ser que "ser mayor es realmente frustrante". Las personas tienden a observar lo que hacemos como seres humanos, incluso cuando no lo desean, examinan nuestra vida en busca de enseñanzas, para satisfacer su curiosidad y responder a las preguntas persistentes en sus mentes. Si no haces nada en relación a esos miedos asociados al envejecimiento y simplemente tratas de lidiar con ellos internamente, eso se reflejará en tu vida. Aunque la gente no lo interprete exactamente como es, lo percibirá de manera negativa. Por otro lado, si confrontas esos miedos, abrirás la puerta a sentir más paz y felicidad.

Por ejemplo, si te preocupas por tu apariencia a medida que envejeces y sientes que estás perdiendo peso, lo cual te hace sentir incómoda, ¡toma medidas! ¿Qué puedes hacer para mejorar tu situación? Encuentra soluciones y no te atormentes con tus miedos. Cuando tomas acción, las personas te verán y pensarán en cómo una persona mayor, como tú, se mantiene en buena forma. Sin embargo, lo más importante es que te amarás a ti misma. Tengo en mente un modelo concreto, una mujer de alrededor de 60 años, y me pregunto cómo ha logrado engañar a la naturaleza porque no parece tener su edad en absoluto. Aunque entiendo que en esta era de avances tecnológicos, es posible que haya recurrido a mejoras, ella ha hecho un esfuerzo por cuidarse.

Invito a todas las mujeres que lean este libro a reflexionar sobre su vida hasta este momento, observar sus logros, grandes y pequeños. Examina los errores cometidos, las lecciones aprendidas y las lágrimas derramadas. Escríbelos. Date una palmadita en la espalda, porque has llegado hasta aquí. Investiga si hay lazos que puedas romper, disculpas que puedas ofrecer y errores que puedas enmendar. Actúa en consecuencia. Te convertirás en una versión mejor de ti misma. Hazlo por ti misma, no por nadie más. Estás entrando en la siguiente etapa de la vida adulta. Has llegado hasta aquí; lo que sigue es más sencillo de lo que piensas.

¿Qué puedes aprender de este capítulo?

No te reprimas, es importante expresar tus pensamientos y sentimientos. Deberías hablar con personas de tu edad o similares. Es muy probable que otros estén experimentando sentimientos similares en relación con los desafíos del envejecimiento. Reflexiona sobre todas las experiencias que has vivido. Perdónate a ti misma por cualquier error que hayas cometido. Todos cometemos errores en la vida. Aprende de ellos, corrige tus acciones y, cuando sea posible, discúlpate. Resérvate tiempo para ti todos los días. Pueden ser horas, una hora o incluso solo unos minutos, pero es esencial reconectar contigo misma. En esos momentos de introspección, encontrarás muchas respuestas y una mayor claridad en tu vida

Notas del diario

_____
_____
_____
_____
_____
_____
_____
_____
_____
_____

Pregúntese...

1. ¿Has hablado con alguien sobre cómo te sientes?

2. ¿Te sentirías mejor si hablaras con alguien de edad similar a ti?

3. ¿Haces al menos una cosa por ti cada día?

4. ¿Aprecias todas tus experiencias y logros?

CAPÍTULO 4

EL NÚMERO CUARENTA

"No te preocupes!, la edad es solo un número en tu licencia de conducir". ¿Cuántas veces has escuchado esta afirmación alentadora? Yo personalmente la he escuchado más de cien veces, y también la he compartido con otros en numerosas ocasiones. Mis amigos solían decirme: "¿Y qué, Lana? Tienes casi 36 (o 37, o 38, o 39). Es solo un número." Y es cierto, pero cuando llegué a los 39 años, empecé a sentirme diferente. La frase "es solo un número" ya no me ofrecía consuelo. No estaba encantada de tener 39 años. Además, ¿alguna vez has oído que cuando una mujer mayor ama o se enamora de un hombre más joven, la gente dice: "la edad es solo un número"? Claramente, estas afirmaciones sobre la edad están diseñadas para que no te sientas presionada por la idea de no estar haciendo lo que deberías a una cierta edad. Sin embargo, hay verdad en esta simple declaración. En realidad, la edad es solo un número. Entonces, dime, más allá de los dígitos que representan la edad, ¿qué más define tu edad?

Me encantó cumplir 30. Sentí que todo estaba en su lugar. Estaba completa y lista. Creía que sabía lo que quería hacer. Al llegar a los 30, sentí que había dejado atrás la adolescencia. Quería dedicarme a las cosas que me gustaban, no a lo que los demás esperaban de mí. Ya estaba casada y tenía planes de tener hijos alrededor de los 30. Aunque enfrentamos presiones de la familia para formar una familia antes de lo que sentíamos como el momento adecuado. Sin embargo, antes de eso, quería disfrutar más de la vida y viajar. Afortunadamente, mi esposo y yo tuvimos la oportunidad de viajar por el mundo y hacer amigos en todos los rincones del planeta. Luego, decidimos formar una familia una vez que estuviéramos listos y no cuando otros sintieran que deberíamos haber comenzado.

Cada individuo forja su propia vida siguiendo sus elecciones. Algunos se convierten en padres a los 20 años, mientras que otros esperan hasta los 30 o incluso los 40. Algunos se enfocan en sus carreras, mientras que otros optan por explorar el mundo antes de asentarse en nuevos horizontes. Es innegable que nuestra perspectiva cambia significativamente entre los 20 y los 40 años, siendo esta última etapa como un valioso tesoro.

Todo lo que ocurre antes de los 40 se podría considerar como "Life 1.0", mientras que lo que sucede después de los 40 representa "Vida 2.0". Esta distinción va más allá de simples números; se trata de niveles de madurez y distintas etapas de la vida. Durante "Life 1.0", solemos explorar y experimentar al máximo. Buscamos impresionar a otros, disfrutamos de la fiesta, cometemos excesos, nos metemos en problemas, nos casamos y, en algunos casos, tenemos uno o dos hijos. Sin embargo, en el lado negativo, también enfrentamos desafíos como divorcios precipitados debido a la juventud o la falta de conocimiento real de nuestra pareja, conflictos con amigos, consecuencias legales como arrestos por conducir bajo los efectos del alcohol, y otros obstáculos similares, etc.

En Life 2.0, seguimos nuestros intereses y pasiones. Conocemos nuestras preferencias, atraemos a quienes nos atraen y disfrutamos de la vida que creamos. Tomemos el ejemplo de una mujer llamada Hilary. Es la segunda de cuatro hijos en su familia, la benjamina. Durante su infancia, creció en un ambiente sano con sus padres, quienes, a pesar de algunos problemas, nunca consideraron separarse. A su padre, al igual que a su hermana mayor, le tenía mucho cariño, incluso más que a sus hermanos. Con el tiempo, Hilary entró en la adolescencia y comenzó a experimentar la pubertad. Se enamoró de un chico de su clase en la escuela secundaria, aunque no compartía los mismos sentimientos por ella. Sin embargo, otra chica le gustaba más a la persona que a ella le gustaba. Es una de esas típicas historias de amor de secundaria. Hilary hizo esfuerzos para llamar su atención, pero finalmente superó ese sentimiento Cuando llegó el momento de elegir su especialización, Hilary optó por Literatura, ya que le apasionaba la lectura y aspiraba a ser escritora en el futuro. Después, asistió a la universidad, obtuvo su título y comenzó su vida adulta. A diferencia de su infancia, las llamadas de su padre y ocasionalmente de su madre disminuyeron. Se mudó a un apartamento propio, lejos de su hermana que solía vigilarla. Hilary trabajó arduamente para mantener su independencia, motivada en parte por sus experiencias en la universidad, donde no disfrutó mucho de la compañía de sus compañeros de cuarto. A lo largo de su vida, Hilary se enamoró en varias ocasiones. En una etapa, mantuvo una relación a pesar de las dificultades, ya que creía en el poder de las personas para hacer que las cosas funcionen. Sin embargo, con el tiempo, conoció a otro hombre con quien estuvo en una relación durante 11 meses. Según ella, él le hizo entender lo que significaba ser amada. Aunque ya lo sabía, su amor validó sus sentimientos. A los 28 años, Hilary estaba trabajando en su primer libro, una especie de documental de sus experiencias en relaciones. Finalmente, se casó con su pareja a los 29 años, y a pesar de enfrentar algunos desafíos, se sentía segura de su elección. Tuvieron tres hijos, como juntos lo habían acordado. El último hijo nació cuando Hilary tenía 37 años. Hilary tuvo altibajos a lo largo de su vida y, en ocasiones, se comparaba con amigos de la escuela secundaria y la universidad. Sin embargo, llegó a comprender que estaba en un momento en el que tenía dependientes que la admiraban constantemente, por lo que se esforzó en ser un buen ejemplo para ellos. Conversó con su esposo, quien la apoyó en los momentos difíciles. En su cumpleaños número 40, Hilary lanzó su segundo libro, una novela. Se había preparado meticulosamente para la ocasión y deslumbraba con su belleza. Los invitados no paraban de elogiarla. Disfrutó de la atención y admiración que recibió. Una amiga le contó cómo las personas hablaban de lo mucho que la admiraban, lo cual la hizo sentirse orgullosa Hilary reflexionó sobre su pasado, los desafíos y errores que superó. Se dijo a sí misma: "Eso quedó atrás para siempre. Soy quien soy ahora, y he aprendido de mis experiencias". Construyó su vida a partir de sus vivencias con familiares, amigos y seres queridos, descubriendo lo que la hacía feliz. La verdadera felicidad llegó a sus cuarenta años.

Es cierto que esta historia está diseñada para encajar en el tema de este capítulo, pero también se puede aplicar a la vida real de una persona. Además, es probable que, hasta cierto punto, muchas personas puedan identificarse con la vida de Hilary. A menudo, se tiende a descartar la idea de que la vida comienza a los 40 como un mito, pero si hacemos una reflexión, es en esta cuarta década de la vida cuando muchas personas comienzan a disfrutar de su propia compañía y a cosechar los frutos de sus esfuerzos.

La mayoría de las personas consideran a sus hijos como regalos y logros valiosos en sus vidas. Es alrededor de los 40 años cuando se alcanzan logros importantes, y la madurez emocional y la estabilidad suelen ser más sólidas.

La característica distintiva de la cuarta década es, sin duda, el nivel de confianza. A esta edad, generalmente se ha desarrollado un alto grado de confianza en uno mismo que permite enfrentar los vaivenes de la vida con más seguridad. Además, se adquiere una certeza en las decisiones y acciones tomadas, lo que a menudo conduce a un mayor sentido de dirección y satisfacción.

En este punto de la vida, muchas personas se sienten como los comandantes de sus propios destinos, y posiblemente también de las vidas de aquellos a quienes influyen o cuidan.

Es posible que todavía estemos confundidos acerca de algunas cosas, pero estamos por delante del juego en comparación con donde estábamos cuando cumplimos 30 años. Estar confundido es algo bueno porque eso significa que creemos que tenemos opciones. La confusión es un obstáculo y son maravillosos, ya que te obligan a encontrar otra ruta. En Life 1.0, nos apresuramos a tomar decisiones y corrimos muchos riesgos. Y, finalmente, pagamos por todas nuestras decisiones y oportunidades en la Vida 2.0.

Dado que 40 es sólo un número en Life 2.0, aún podemos hacer todo lo que queramos en nuestra vida. Sólo debemos asegurarnos de que nuestros pensamientos y las opiniones de los demás no nos bloqueen. Filtrar tu entorno y elegir las personas con las que socializas es particularmente importante. Si amigos, familiares o colegas te dicen: "Eres viejo. No puedes (o no debes) hacer lo que quieras (lo que sea que quieras hacer)", debes pedirles que se callen, que retrocedan unos pasos o que desaparezcan de tu vida por completo. ¡No necesitas negatividad en tu vida! Continúas siendo joven. Si todavía quieres, puedes hacer todas las cosas que querías hacer cuando tenías 20 años.

Entonces, es probable que algunos te digan cosas como "Te lo advertí" o "Esto no es para ti", ya sea por cariño, envidia, el gusto por juzgar o simplemente para aliviar sus propias inseguridades. En última instancia, los detractores siempre estarán ahí para emitir su juicio. Sin embargo, ¿por qué preocuparte por lo que digan?

Una mujer tiene la edad que ella se merece. La edad de una mujer no importa: puedes ser maravillosa a los 20, increíble a los 40 y seguir siendo fabulosa por el resto de tu vida. [5]
—**COCO CHANEL**

Muchos de mis amigos, que están alrededor de los 40 años, aún tienen una lista interminable de deseos. Quieren correr un maratón, ponerse en forma, bucear, saltar en paracaídas, escalar el Kilimanjaro, obtener una licenciatura, formar una familia, casarse, viajar por el mundo, encontrar un pasatiempo, volver a casarse, tener más hijos, y mucho más. Y, ¿sabes qué? Deberían

---

[5] Coco Chanel, www.azquotes.com, Access date December 5, 2021, https://www.azquotes.com/quote/1358434.

hacerlo. Ya sea obtener su licencia de piloto, conseguir otro título, cambiar de carrera, viajar por el mundo o ser voluntarios, no importa. Lo que realmente importa es que sigan sus sueños y deseos. ¡No hay mejor momento que ahora!

Hace poco, mi esposo y yo disfrutamos de una cena con amigos de toda la vida. Nos conocimos en nuestra adolescencia, ¡y han pasado más de dos décadas desde entonces! Nos reunimos en un elegante restaurante de Los Ángeles para compartir una comida y ponernos al día, ya que no habíamos tenido la oportunidad de vernos durante la pandemia. Durante nuestra conversación, surgió el tema de la edad. Uno de nuestros amigos dijo: 'Lana, has cambiado muy poco en veinte años, y diría que has mejorado con el tiempo, ¡como un buen vino!'

Es cierto que en los últimos años he intensificado mis cuidados personales, tanto en lo que respecta a mi piel como a mi alimentación, y a otros aspectos de mi vida, más de lo que lo hacía antes. Sin embargo, no creo que estos sean los motivos principales por los que "envejezco como un buen vino". Lo que realmente he descubierto en los últimos años, al enfrentar mis miedos y preguntas, es que la edad, ese número real, es solo eso: un número que no tiene relevancia real. Lo que importa es la felicidad que siento en mi interior. Esa felicidad se refleja en mi apariencia. Estoy viviendo mi Vida 2.0, ocupada con las cosas que amo y que me importan, y eso supera cualquier número en el calendario.

La edad no debería imponer limitaciones; las únicas limitaciones son las que te impones a ti mismo. No se trata de un simple número, sino de la calidad de tu vida. Los límites son construcciones personales, y lo que realmente importa son tus metas y propósito en la vida. Puedes elegir lo que deseas para ti. Ya sea una vida agitada o tranquila, viajar o trabajar más, tener hijos, casarte o incluso divorciarte, la decisión está en tus manos y no depende de cifras.

Esta es la premisa en la que debes basar tu vida: lo que has descubierto por ti mismo como lo mejor y más adecuado para ti. Tu vida no debe estar gobernada por las opiniones, percepciones o sentimientos de los demás. A lo largo de mi vida, he aprendido que lo que crees determina quién eres. Alguien me lo dijo en el pasado, y al principio lo descarté, pero con el tiempo me di cuenta de que era cierto. Una mujer me dijo una vez: 'Si crees en algo, funcionará para ti. Si no crees, no funcionará para ti'. No es algo sobrenatural, sino una manifestación de cómo nuestras creencias influyen en nuestra realidad. Es importante comprender que nuestra realidad es, en gran medida, una expresión de nuestras creencias. Entonces, ¿cuál es la lección que quiero transmitir? Al llegar a los 40 años, muchos consideran este momento como una edad de filtración. Es un período en el que decidimos retener solo la información, el conocimiento y las ideas que son beneficiosas para nuestra vida, descartando lo que hemos acumulado, ya sea de manera intencionada o no, a lo largo de los años. Los 40 no deberían ser vistos como un punto de llegada, sino como un nuevo comienzo. Aquí es donde elegimos expresar pensamientos amables, optimistas y tranquilos sobre nosotros mismos. Si decidimos que la edad no es más que un número y que lo que realmente importa es nuestra actitud y nuestras acciones, eso se reflejará en nuestra vida. Por otro lado, si nos convencemos de que la edad es simplemente un número, también veremos eso en nuestra realidad. Cuando las personas nos ven, perciben a una mujer a la que admiran, ya sea joven o mayor, dependiendo de la actitud que hemos adoptado. Si optamos por el primer enfoque, estaremos admirando una vida llena de limitaciones autoimpuestas. Es crucial comprender que somos nuestros propios límites, y la edad no debe ser un obstáculo. Tanto en el ámbito profesional, emocional, relacional y financiero, podemos ser la mujer que deseamos ser, sin importar nuestra edad. Incluso las mujeres mayores, específicamente aquellas entre los 60 y 70 años, continúan su búsqueda de educación y obtienen títulos académicos. Sin duda, enfrentan desafíos y críticas de quienes intentan disuadirlas de perseguir la educación a su edad. Sin embargo, al final, cuando leemos sobre estas mujeres, no podemos evitar pensar: '¡Oh, qué mujeres tan decididas!'. A pesar del desánimo que puedan haber experimentado, no permitieron que eso definiera su camino. Este es un ejemplo de cómo la vida debería ser: vivida según los términos y deseos de uno mismo, no según las expectativas de los demás. La elección de los 40 años como un momento perfecto para reinventarse se basa en la idea de que la experiencia previa acumulada es más que suficiente para vivir de manera plena. Así que, lo que debemos hacer es reflejar nuestras elecciones cuidadosamente seleccionadas en nuestra vida, incluso si algunas personas no están de acuerdo o no les gusta. Al final del día, ¿de quién es la vida sino de la persona que la vive?

Si afirmas que deseas ser una mujer de 40 años, entonces eso es lo que serás. Si dices que quieres mantener tu espíritu juvenil para siempre, que quieres disfrutar de la vida eternamente, eso también sucederá. Esto es lo que realmente representa la idea de los 40 años: la manifestación y acción del verdadero yo.

¿Qué se puede sacar de este capítulo?

Siempre debes recordar que la edad es meramente un número, sin relevancia para tus metas, sueños o logros. Repite esta idea a diario, si es necesario. Configura un recordatorio en tu teléfono, coloca una nota en tu cómoda o en cualquier lugar donde la veas cada mañana. Mantén presente todo lo que necesitas recordarte a diario o con regularidad. Finalmente, nadie tiene el derecho de decirte que eres demasiado mayor para cualquier cosa. Puedes perseguir tus deseos y aspiraciones sin importar la edad que tengas.

Notas del diario

_____

_____

_____

_____

_____

_____

_____

_____

_____

_____

_____

_____

Pregúntese...

1. ¿Dejas que otros te digan lo que puedes y no puedes hacer?

   _____
   _____
   _____

2. ¿Te cuidas de manera honesta y justa?

   _____
   _____
   _____

3. ¿Hay algo que desearías hacer más? Si es así, ¿qué?

   _____
   _____
   _____

4. . ¿Cuáles son algunas de las cosas que todavía quieres hacer? ¿Qué hay en tu lista de deseos?

   _____
   _____
   _____
   _____

5. Crea un plan de acción. Comience con una cosa y, una vez que se convierta en un hábito, agregue otra. No los apiles todos a la vez. Si aún no lo has hecho, no lo harás todo de una vez ahora.

_____

_____

_____

_____

_____

CAPÍTULO 5

LA
CHARLA INAPROPIADA...

He escuchado que preguntar la edad a una mujer no es apropiado, y esta opinión es compartida por muchas personas, ya sean hombres o mujeres. Consideran que es inapropiado preguntar la edad de alguien. Algunas personas hacen esta pregunta en medio de conversaciones, mientras que otras la hacen fuera de ellas. Algunos preguntan acerca de tu edad al conocerte, mientras que otros esperan hasta después de conocerte. Siempre que se hace esta pregunta, suele ser porque la persona que la hace quiere utilizar la respuesta para llegar a una conclusión o, mejor dicho, busca justificar una conclusión previa. Por ejemplo, si una niña de 12 años responde preguntas de manera muy inteligente, alguien podría preguntarse cómo es posible que una niña tan joven tenga ese nivel de conocimiento.

"Debe ser mayor de lo que parece", podría pensar la persona. Luego, al preguntarle a la niña su edad y escuchar "Tengo 16 años", esa persona podría exclamar: "¡Lo sabía!". Otra posibilidad es que la persona no haya considerado a la niña como una joven con un rostro más joven de lo habitual. Entonces, al darse cuenta de su inteligencia, podría pensar: "Es muy inteligente para su edad. ¿Cuántos años tiene?" De esta manera, la pregunta sobre la edad a menudo se utiliza para aclarar la ambigüedad y confirmar o refutar las suposiciones previas.

La pregunta sobre la edad no se limita únicamente a los adultos; también se hace a los niños. Sin embargo, interrogar a los niños generalmente no se considera inapropiado. En el caso de los adultos, esta pregunta puede surgir por diversas razones. Imaginemos a un hombre que conoce a una mujer y comienzan a entablar una conversación; en este contexto, es posible que surja la pregunta sobre la edad. En muchas ocasiones, esto podría deberse a la búsqueda de compatibilidad en una relación, ya que la norma social a menudo dicta que, en las relaciones, los hombres suelen ser mayores que las mujeres. Aunque esta es la preferencia predominante para algunos, para otros la edad es simplemente un número sin relevancia. En otros casos, cuando alguien conoce a una mujer soltera que evidentemente no está en sus veintitantos y plantea preguntas sobre su edad, es probable que esté tratando de determinar cuánto tiempo ha estado soltera.

Comúnmente, las personas tienden a asociar la edad con el éxito. Cuando observan a un joven que ha alcanzado un gran éxito en sus proyectos, es común escuchar comentarios como: "Lo logró a una edad temprana. Es realmente joven". Esta percepción a menudo sugiere que la gente asume que a medida que envejecemos, estamos destinados a alcanzar un mayor éxito. En contraste, cuando ven a alguien mayor que no ha alcanzado lo que consideran un éxito significativo, es posible que lo interpreten como un retraso en la vida, lo cual algunos podrían percibir como un fracaso. Cuando escuchan que una mujer tiene 38 años y es soltera, la gente la considera un fracaso porque, a esa edad, se espera que al menos esté casado y además tenga hijos o hijos. Lamentablemente, algunas mujeres también internalizan esta perspectiva negativa y pueden utilizarla en conflictos personales, donde una mujer casada podría menospreciar a una soltera debido a su estado civil, considerándolo un logro. La edad se ha convertido en un parámetro para medir el éxito, pero esta percepción no necesariamente refleja la realidad.

Seguramente has escuchado el dicho de que "la variedad es el condimento de la vida". Este proverbio puede tener múltiples interpretaciones personales. La más evidente es que los seres humanos son intrínsecamente diferentes, lo que implica que nuestras acciones y caminos serán diversos. A pesar de algunas similitudes, la esencia radica en que cada individuo es único. Incluso los gemelos idénticos, a pesar de compartir un parecido sorprendente, son personas distintas con historias, nombres, objetivos, niveles de felicidad, mentalidades y definiciones de éxito propios. Si bien ambos pueden aspirar a ser ingenieros, su enfoque y metas difieren. A es un ingeniero en potencia con sus sueños, mientras que B también busca la ingeniería, pero sus motivaciones y trayectoria son únicas. Una creencia ampliamente difundida es la asociación de la edad con el éxito, una percepción que a menudo se interioriza. Sin embargo, este concepto es en realidad una construcción social arraigada en la tradición, transmitida de una generación a la siguiente. Lamentablemente, muchos individuos no logran liberarse de esta creencia, lo que puede llevar a la depresión y la inestabilidad emocional al sentirse fracasados. El éxito es una narrativa íntima y no está ligado a la edad. Esta perspectiva ha llevado a que muchas personas se sientan inadecuadas y atrapadas en un ciclo de pensamiento negativo. Cada persona tiene su propio viaje hacia el éxito, y ser mujeres no implica que debamos lograr los mismos hitos al mismo tiempo. Ser humano no significa fracasar si no alcanzamos ciertas metas tan pronto como otros. Esta mentalidad condicionada a menudo conduce a decisiones apresuradas, como una mujer que se resigna a una relación poco saludable debido a la presión de casarse temprano.

Cuando tengas cuarenta años, es esencial que te sientas seguro y confiado. Como mencioné anteriormente, esta etapa de la vida a menudo conlleva un aumento en la autoconfianza. Para fortalecer aún más tu mentalidad, es crucial comprender que la edad no dicta tu éxito. Tu éxito reside en tu vida y en cómo te sientes satisfecho con las decisiones que has tomado a lo largo de tu camino. Casarte con alguien cuando sabes que no te hace feliz es una elección carente de sentido. Aunque para algunos pueda parecer un logro, en realidad estás atrapado en la infelicidad, la tristeza y una serie de emociones negativas. La calidad de vida debe ser el enfoque primordial en todas las etapas de la vida, en lugar de lo que otros consideran como éxito.

Cuando las mujeres entablan una conversación en la que se menciona la edad, a menudo surge el "juego de adivinanzas", en el que todos quieren adivinar cuántos años tiene la otra persona. Personalmente, siempre he considerado este juego inmaduro. Saber la edad de alguien no cambia nada significativo para mí, excepto quizás darme una mejor idea de si podríamos tener más en común. Por ejemplo, es más probable que tenga intereses compartidos con alguien de una edad cercana a la mía en lugar de alguien diez años más joven. Las personas de 20, 30 y 40 años experimentan la vida de manera diferente. Tienen gustos musicales distintos, han tenido diferentes experiencias con la tecnología y prioridades diversas.

Sin embargo, tal vez este deseo de ocultar la edad sea más común entre ciertas generaciones. Las mujeres mayores, incluyendo a mi madre, siempre han sido abiertas sobre su edad y no les molesta que se les pregunte. Por lo tanto, me resulta extraño que mujeres de mi edad y más jóvenes se ofendan cuando se les hace una pregunta tan básica. Me pregunté si esto podría deberse al temor al juicio. Y entonces me di cuenta de que eso es precisamente lo que sucede: es una cuestión de ser juzgadas. Personalmente, no veo ninguna razón por la que sea inapropiado preguntar: "¿Cuántos años tienes?" Pero quizás estas mujeres temen que, al revelar su edad, las personas que hacen la pregunta las etiqueten o pierdan interés en ellas.

A pesar de que personalmente creo que preguntar la edad de alguien no es inapropiado, entiendo que muchas personas pueden no compartir esa opinión. Es válido sentir temor al juicio de los demás. Hasta ahora, he estado enfocándome en cómo este miedo se origina en la creencia de que hay ciertos logros que debemos alcanzar a ciertas edades, como si existiera una obligación natural para todos de cumplir ciertas metas en momentos específicos de la vida. Por ejemplo, se espera que obtengas un título antes de los 30 o que no realices todas las tareas domésticas por tu cuenta a los 40, sino que cuentes con la ayuda de tus hijos. Estas obligaciones son construcciones sociales, no una parte intrínseca del orden natural de la vida. En realidad, en cada etapa de la vida, el objetivo debería ser buscar la felicidad, ya que obstáculos constantes intentarán interponerse en tu camino.

La percepción de que la edad y el éxito están entrelazados es uno de los obstáculos para alcanzar la propia felicidad. Si permites que esta percepción gobierne tu vida, te consumirá y te perderás en el miedo a no cumplir con las expectativas ajenas. Esta reflexión me lleva a pensar aún más en los miedos e inseguridades que enfrentamos. No necesitamos una etiqueta, y nadie debería etiquetarnos. Supongo que el miedo al juicio y a ser etiquetado proviene de la misma raíz. No te pido que compartas mi opinión, pero después de leer esto, si aún sientes que es inapropiado que alguien te pregunte tu edad, está bien. Lo que no está bien es que ese sentimiento se base en el temor al juicio. No debes temer eso. Debes confiar en que estás viviendo la vida que deseas, la vida que eliges, y no las expectativas que otros tienen de ti. La realidad es que la mayoría de las personas no respaldan sus expectativas; simplemente las tienen. No hacen más de lo esperado, y esto se aplica no solo a ti, sino a todas las personas que conocen. ¿Por qué preocuparte por alguien que no se preocupa por ti como individuo, sino por lo que cree que deberías ser?

¿Hasta qué punto podemos ocultar nuestra edad? Si alguien necesita saber cuántos años tenemos, eventualmente lo descubrirá. Es solo cuestión de tiempo. Hace poco, una amiga me contó la historia de una esposa que le había mentido a su marido acerca de su edad real; le dijo que era diez años más joven de lo que en realidad era. Si él hubiera sabido la verdad, ¿habría dejado de amarla? Quiero decir, si fuera un hombre, probablemente se habría sentido halagado de que su esposa pareciera diez años más joven de lo que él pensaba. Me parece intrigante que alguien esté dispuesto a llegar tan lejos para ocultar su edad. ¿Por qué tememos tanto a los números que representan nuestra edad? Una vez más, la gente tiende a etiquetarse y juzgarse mutuamente. En el caso de esta pareja, ¿pensó la esposa que a su esposo le preocuparía la diferencia de edad en relación con sus capacidades reproductivas? Él ya se había enamorado de su apariencia, lo cual sugiere que los genes de ella son buenos. ¿Podría pensar que su edad afectaría su capacidad para concebir? En mi opinión, si a un hombre le preocupa la edad de una mujer, eso es simple inmadurez.

La Belleza de una mujer no está en un modo facial. La verdadera belleza de una mujer está en su alma. Es el cariño que ella brinda y la pasión que muestra. La belleza de una mujer crece con el paso de los años.[6]
—**AUDREY HEPBURN**

Tengo amigos y conocidos que superan los 40 años y nunca han contraído matrimonio ni tenido hijos. Algunos de ellos se muestran relajados al respecto, mientras que la mayoría está ansiosa porque siente que el reloj biológico avanza y temen que sea demasiado tarde para formar una familia. Muchos de ellos han priorizado su educación, carrera y la construcción de su patrimonio financiero, pero aún no han encontrado una pareja

---

[6] Audrey Hepburn, www.quotefancy.com, Access date November 29, 2021, http://quotefancy.com/quote/3886/Audrey-Hepburn-The-beauty-of-a-woman-is-not-in-a-facial-mode-but-the-true-beauty-in-a.

compatible. Ahora, enfrentan el temor de la soledad en el futuro. Sin embargo, lo fundamental es la razón detrás de sus elecciones. Si han seguido su camino por autenticidad y no por la presión social o el deseo de ser percibidos como exitosos, tendrán la confianza para respaldar sus decisiones.

Imaginemos que alguien renuncia al matrimonio para cumplir un sueño que siempre ha anhelado, y la gente los juzga por esa elección. En este caso, la persona no se sentirá triste por la crítica externa, ya que la satisfacción y la felicidad derivadas de la realización de sus aspiraciones serán su mayor recompensa. A los cuarenta años, no se puede considerar a alguien como "viejo", como a menudo lo etiqueta la sociedad. Esta etapa de la vida es un hito en el que tu vida refleja tus deseos y prioridades.

Por otro lado, es importante destacar que muchas personas exitosas lograron sus mayores éxitos después de cumplir los 40 años. Este grupo incluye a figuras notables como Samuel Jackson, Martha Stewart, Ronald Reagan, Henry Ford, Abraham Lincoln, Reid Hoffman, Charles Darwin, Oprah Winfrey y muchos más. Si hubieran abandonado sus sueños a los 40, el mundo sería un lugar diferente. Estos logros no se materializaron de la noche a la mañana, sino que requirieron tiempo, esfuerzo y perseverancia. La secuencia de casarse, formar una familia y luego alcanzar el éxito no es una norma rígida. La vida es impredecible, y no debemos permitir que la edad limite nuestras aspiraciones y metas.

LOS 40 PERFECTOS

Claro, quizás haya algunas cosas que no puedas realizar después de los 40, como convertirte en astronauta o trabajar para la CIA o el FBI, pero prácticamente todo lo demás sigue siendo posible a los 40. Incluso si siempre soñaste con ser modelo, aún puedes perseguir ese sueño. Es cierto que quizás no seas el próximo modelo de Victoria's Secret, ya que ahí tienen ciertos límites de edad, pero eso no debería detenerte. Lo importante es que te prepares para tu sueño y tomes medidas para lograrlo. Entonces, sí, es verdad, los 40 son solo un número. Es un momento en la vida en el que aún puedes perseguir tus sueños. Haz lo que siempre has deseado hacer. Crea una lista de deseos y comienza a tachar cosas de ella. Puedes hacerlo en solitario o involucrar a tu pareja y tus hijos. ¡Simplemente hazlo! No importa lo que digan los demás, ni siquiera te preocupes cuando te pregunten sobre tu edad, ya que la gente tiende a etiquetar y juzgar de todos modos. No dejes de vivir tu mejor vida solo porque has cumplido 40 años. Cuando te pregunten tu edad, responde con confianza que estás fabulosa a los cuarenta. Al hacerlo, podrías hacer que los demás se cuestionen por qué eres fabulosa, y no tienes la obligación de explicarles por qué tu vida es fabulosa. Incluso podrías disuadirlos de juzgarte. Recuerda siempre que las expectativas que la gente tiene para ti a los 40 son solo sus propias expectativas. Vive según tus propias expectativas y, de esa manera, las preguntas sobre tu edad podrían dejar de parecerte inapropiadas y convertirse en simples consultas. La edad es solo un número, y los 40 no son un límite.

La vida puede comenzar a los 40, y el éxito es una combinación de tu esfuerzo y el tiempo. Cada individuo tiene su propio ritmo para alcanzar el éxito. Puede ser antes o después de los 40 pero, en cualquier caso, nadie debería hacerte sentir que has fracasado a tu edad. Tu éxito se mide por la calidad de tu vida a tu edad, así que declara con confianza que tienes 40 años.

¿Qué puedo sacar de este capítulo?

Lo que más importa es cómo me siento, no la fecha de nacimiento que figura en mi documento de identidad. Es crucial recordar que mentir acerca de tu edad no es la solución. En primer lugar, estarías engañándote a ti mismo, y la autoengaño no es saludable ni beneficioso. Además, la mentira no te llevará a ningún lugar positivo. Debemos comprender que, sin importar lo que hagamos, la gente tendrá opiniones y nos juzgará. Sin embargo, es fundamental recordar que las opiniones de los demás no deben dictar nuestras acciones. Ellos no están viviendo nuestra vida, nosotros sí. En última instancia, estamos viviendo nuestra propia vida, y debemos hacerlo de una manera que sea auténtica y coherente con lo que sentimos y creemos.

Notas del diario

_____

_____

_____

_____

_____

_____

_____

_____

Pregúntese...

1. ¿Te sientes viejo? ¿Te ves viejo? ¿Realmente sientes tu edad?
___
___
___
___
___

2. ¿Mientes sobre tu edad? ¿Por qué?
___
___
___
___
___

3. ¿Te importa lo que los demás piensen de ti? ¿Por qué?
___
___
___
___
___

CAPÍTULO 6

ACEPTACIÓN

Incluso en la religión más antigua del mundo, el hinduismo, la clave de la felicidad es la aceptación. Desde una perspectiva psicológica, la aceptación implica el reconocimiento y asentimiento de una persona a la realidad de una situación, incluso cuando esta sea negativa o incómoda, sin intentar cambiarla o resistirse a ella. En el ámbito de la psicología, existe un enfoque conocido como "aceptación radical positiva" que se centra en la gratitud y en sintonizar con aspectos positivos de la vida. Esto significa que dejas de luchar contra la realidad y de reaccionar impulsivamente y de forma destructiva cuando las cosas no salen como deseas. Básicamente, dejas de reaccionar y no permites que el dolor se transforme en sufrimiento. ¡Y funciona! Gracias a estas técnicas, las personas están mejorando su calidad de vida de manera significativa.[7]

La aceptación es, sin duda, una clave para la felicidad. Aunque lo vi en una película, tiene un profundo sentido. Recuerdo una vez que le preguntaron a un hombre de baja estatura por qué no parecía afectado por los constantes juicios y críticas de las personas. Su respuesta fue simple pero poderosa: mucho antes de que comenzaran los juicios, él ya se había aceptado a sí mismo tal como era. Se había definido a sí mismo, sabía quién era y quién no era, por lo que cuando las opiniones de los demás comenzaron a surgir, no le afectaron, porque ya se había aceptado completamente. Aquí radica la esencia de la aceptación.

En la vida, al interactuar con la sociedad en general, la aceptación es esencial. Debes aceptarte tal como eres, realizando un proceso de autodescubrimiento para conocerte profundamente y aceptarte antes de que las opiniones de los demás intenten definirte. Como mencioné, en la sociedad, la elección se reduce a la aceptación propia o ceder ante lo que otros dicen. No existe un tercer camino ni espacio para la indecisión.

Un gran número de personas en la sociedad no necesariamente te etiquetan con malas intenciones o motivos ocultos; a menudo, simplemente expresan lo que piensan. Por

---

[7] William Berry, "Acceptance: It isn't what you think," Last updated June 27, 2015, https://www.psychologytoday.com/us/blog/the-second-noble-truth/201506/acceptance-it-isnt-what-you-think

ejemplo, cuando llegas a los 40 y la gente bromea contigo sobre no tener una familia propia, es posible que no lo hagan con la intención de herir tus sentimientos. Aunque algunos pueden hacerlo con ese propósito, siendo realistas, muchos lo hacen más por influencia de tradiciones y convenciones sociales que nublan su razonamiento lógico. Esto es algo que puede ocurrir a cualquiera. La mayoría de lo que han aprendido al vivir en sus familias y al interactuar en la sociedad les ha inculcado la idea de que, a esa edad, una mujer debería haberse establecido con un hombre y tener hijos. Mi objetivo al resaltar esto es cuestionar el juicio precipitado que las personas hacen hacia los demás y fomentar una comprensión más profunda de la diversidad de elecciones de vida.

La falibilidad de los juicios humanos es evidente, ya que, en la mayoría de los casos, las emociones, en lugar de la lógica, son las fuerzas impulsoras. Por ejemplo, cuando alguien te cuestiona sobre tu estado civil a tus cuarenta años y aún no estás casado, es probable que te sientas incómodo, sin considerar que su juicio carece de una apreciación lógica de tu situación y en su lugar está teñido por creencias preconcebidas. La cruda realidad es que siempre habrá personas dispuestas a emitir juicios sobre tu vida, sin importar lo que hagas o cómo lo hagas. Es importante entender que no puedes complacer a todos ni ganarte a todos a tu favor. Incluso figuras icónicas como Jesús, un maestro admirado y amado por muchos, tuvieron opositores en su propio círculo cercano. Esto es un recordatorio de que siempre habrá al menos un antagonista en tu vida. Un ejemplo ilustrativo es el caso de Judas Iscariote, quien estaba en desacuerdo con Jesús a pesar de conocer su naturaleza excepcional y apreciarlo en cierta medida. Sin embargo, la naturaleza humana sigue su curso, y en el caso de Judas, la influencia de sus emociones prevaleció sobre su razonamiento. Los eventos posteriores demostraron que Judas no necesariamente odiaba a Jesús, sino que cedió ante sus propias emociones y perdió el juicio.

Esa es la realidad en la que vivimos. La naturaleza sigue su curso a través de las personas que te rodean, y la vida se asemeja a una serie de pruebas. Cuando te des cuenta de esto, es crucial que lo aceptes y apliques a tu propia vida. Algunas circunstancias no deberían desanimarte; en su lugar, debes estar preparado y equipado con el conocimiento necesario para afrontar las críticas que la gente pueda hacer sobre tu vida.

En primer lugar, es fundamental que identifiques los aspectos de tu vida con los que te sientes cómodo a medida que envejeces. Aceptar quién eres y abrazar tu autenticidad es la clave para encontrar consuelo y felicidad en tu propia piel. Esto es particularmente relevante para aquellos que llegan a los cuarenta años, ya que aceptar la realidad de que no volveremos a tener 25 años puede resultar más fácil de decir que de hacer. En nuestra sociedad, el juicio ajeno es una constante, sin importar lo que hagamos. Por ejemplo, si te diviertes a los 25 años, la gente podría tildarte de inmaduro e irresponsable. Si, en cambio, te dedicas al trabajo a esa edad, te señalarán como alguien excesivamente serio, advirtiéndote que, si continúas así, te perderás la oportunidad de vivir plenamente. A los 45, si te diviertes, te juzgarán como un irresponsable, mientras que, si no lo haces lo suficiente, te instarán a relajarte y disfrutar de la vida antes de volverte loco.

Entonces, sin importar lo que elijas hacer a lo largo de tu vida, ten en cuenta que, la sociedad, amigos, conocidos, vecinos, y hasta las madres en la escuela de tus hijos, siempre tendrán opiniones y juicios que ofrecer. Esta es simplemente la naturaleza del mundo en el que vivimos. La clave está en aceptar este hecho en todas las etapas de tu vida y seguir disfrutando de ella sin preocuparte demasiado por las opiniones ajenas. Después de todo, a menos que esas personas estén dispuestas a pagar tus cuentas, ¿por qué debería importarte lo que piensan? Tienes el derecho de tomar tus propias decisiones. Ya sea que desees conducir un descapotable, vestirte con ropa moderna, adoptar un estilo gótico o teñirte el cabello con cinco tonos de morado, lo importante es hacer lo que te hace feliz. Sé quién eres, acepta quién eres tanto por dentro como por fuera y, sobre todo, ama a la persona que eres. ¡Vive tu vida con pasión y autenticidad!

La comprensión es el primer paso hacia la aceptación, y sólo con aceptación puede haber recuperación.[8]
—J. K. ROWLING

Entiendo que puede sonar sencillo decir que debes aceptar las circunstancias de tu vida y encontrar la felicidad, pero en realidad, es una tarea más compleja de lo que parece. A menudo, te verás inmerso en una lucha interna, una especie de conflicto entre lo que la sociedad espera de ti y lo que realmente piensas y deseas. Es como una batalla constante entre tu propia voluntad y las expectativas sociales. A pesar de la dificultad que esto conlleva, es importante recordar que es una batalla que se puede librar, y lo que realmente importa es aprender a aceptar tus propias decisiones en lugar de ceder ante la presión de la sociedad.

Además, es fundamental aceptar el hecho de que a medida que envejecemos, nuestro cuerpo experimenta cambios inevitables. Tu apariencia física evoluciona, el cabello ya no es el mismo, nuestras hormonas nos juegan pequeñas pasadas, ganamos peso más fácilmente, y nuestro metabolismo no es tan eficiente como antes. A menudo intentamos controlar nuestra

---

[8] J. K. Rowling, www.goodreads.com, Access date December 5, 2021, http://www.goodreads.com/quotes/67454-understanding-is-the-first-step-to-acceptance-and-only-with.

ingesta de alimentos y seguir dietas más saludables, pero en ocasiones, no logramos los resultados deseados. Para muchas mujeres, este proceso puede ser especialmente difícil de aceptar. El cabello cambia, las imperfecciones aparecen y la percepción de la belleza se transforma. En retrospectiva, es común que no hayamos valorado lo suficiente nuestra apariencia durante nuestras décadas de los veinte y treinta. En lugar de apreciar nuestra propia belleza y juventud, tendemos a compararnos con otros, pensando que ellos se ven mejor o tienen más éxito.

Llegados a los 40 años, a menudo caemos en la misma trampa: en lugar de apreciar nuestra apariencia y aceptar el proceso de envejecimiento, tendemos a buscar defectos en nosotros mismos. Si no logramos aprender a aceptarnos tal como somos y a valorarnos, es probable que lamentemos muchas cosas en el futuro. Imagina que, dentro de una década, miras una foto tuya de hoy y te preguntas: "¿Por qué no me acepté más? Era mucho más joven y lucía genial". Es un patrón común, incluso mujeres de 60 años a menudo recuerdan su apariencia de hace 20 años y lamentan no haberse amado lo suficiente en ese momento. Nuestro objetivo debería ser asegurarnos de que no cometamos el mismo error al llegar a los 60. Esto es lo que sucede cuando no aprendemos a apreciar lo que tenemos en el presente. En última instancia, el viejo adagio de "no sabes el valor de algo hasta que lo pierdes" se convierte en una lección práctica de vida.

Nuestra meta debe ser aprender a vivir la vida con pocos o sin arrepentimientos. Es cierto, todos cometemos errores, pero tenemos la capacidad de evitar que se repitan. Si en este momento no puedes aprender a apreciarte tal como eres a los 40 años, lo aprenderás más adelante en la vida, aunque lamentablemente podría ser de una manera más difícil. ¿Cómo se logra esto? Vamos a explorarlo.

Una de las razones principales por las que enfrentas dificultades al aceptarte a los 40 años es que te comparas con tu yo más joven. Las comparaciones en sí mismas no son negativas; a veces, ayudan a destacar características distintivas que permiten tomar decisiones informadas. Sin embargo, para que una comparación sea válida, los elementos comparados deben ser proporcionales o tener un contexto similar. Por ejemplo, comparar la velocidad de un avión con la de un tren es una analogía inadecuada por varias razones. Un avión tiene componentes que lo hacen mucho más rápido que un tren, lo que lo convierte en un medio de transporte superior en términos de velocidad. En contraste, un tren no puede alcanzar esa velocidad debido a sus limitaciones. Sin embargo, comparar la velocidad de un avión con la de un helicóptero sería una comparación más apropiada, ya que ambos medios son proporcionales en gran medida.

Mi punto es que comparar la vida a los 40 con la vida a los 20 o 30 es irrazonable, dado que estas edades son intrínsecamente diferentes, y el envejecimiento trae consigo cambios inevitables. En lugar de comparar y lamentar, debemos aprender a aceptar las distintas etapas de la vida. Es fundamental tomar decisiones sabias en el presente y aprender a amarnos a nosotros mismos ahora mismo. Debemos abrazar los cambios que vienen con la edad y vivir cada etapa al máximo. Acepta que nunca volverás a tener cuarenta años, igual que no podrás recuperar tus veinte o treinta. Entonces, ¿por qué angustiarte por los cambios? Aquí hay un secreto: la razón por la que te preocupa tanto lo que está cambiando dentro de ti se debe a tu actitud hacia esos cambios. Debes verlos como eventos naturales que ocurrirán, y para tu propia felicidad, debes aprender a aceptarlos de esa manera. Si los ves como parte normal de la vida, cuando sucedan, te parecerán igual de normales, y no tendrás razones para preocuparte por ellos.

Una forma sencilla de avanzar y abrazar el cambio, especialmente si no puedes hacerlo por ti mismo, es encontrar a alguien que te motive. Puedes buscar un entrenador de vida, una figura inspiradora, alguien que te transmita positividad y te haga sonreír cada vez que interactúas con ellos. Si tienes la suerte de contar con estas personas en tu vida, ¡aférrate a ellas con fuerza! Pero si no es así, las redes sociales, como Facebook e Instagram, pueden ser una gran fuente de inspiración.

En las redes sociales, encontrarás a muchas personas que irradian positividad y felicidad, y están dispuestas a compartirla con otros. Búscalos, busca inspiración. Dado el tiempo que pasamos en línea, ¿por qué no encontrar a alguien que te levante el ánimo? Evita mirar perfiles, páginas y publicaciones de personas mucho más jóvenes que tú y que puedan hacerte sentir inseguro. Si lo que ves te hace sentir mal contigo mismo, no sigas esas cuentas. Pero si encuentras a alguien que te motiva y te inspira, síguelo. Permíteles mostrarte lo que pueden hacer por ti. Sin embargo, recuerda que no debes compararte con nadie. La comparación es una de las trampas más comunes que nos lleva a la infelicidad. ¿Por qué? Porque solemos compararnos con personas que aparentan ser más jóvenes, ricas y afortunadas que nosotros. Nos enfocamos en lo que no tenemos en lugar de valorar lo que somos y tenemos. Esto solo nos roba la felicidad y nos causa angustia psicológica. ¡Debemos centrarnos en las cosas correctas!

Necesitamos enfocarnos en lo que realmente importa, en las cosas que recordaremos con cariño dentro de una década y diremos: "Éramos todo eso y más". La verdad es que no nos valoramos lo suficiente. ¿Por qué? Porque nos comparamos constantemente con otros. La ironía de la comparación es que la persona con la que nos comparamos a menudo se compara con alguien que considera "mejor", y ese alguien a su vez se compara con alguien "aún mejor". Las comparaciones nunca terminan y la lista de "mejores" sigue creciendo. No te sometas a esa lista, ya que solo te conducirá a la infelicidad.

En lugar de compararte, es importante entender la época en la que te encuentras, aceptar los eventos que han ocurrido y los que vendrán, y encontrar la felicidad en tu propia vida. Cuando nos comparamos con los demás, anhelamos ser algo que no somos y en un lugar que no ocupamos. ¿Para qué hacerlo? Todos somos únicos, criados de manera diferente, con distintas perspectivas y entendimientos. En lugar de comparar, podríamos admirar a alguien que esté haciendo lo que deseamos o alguien a quien queramos emular. Si ellos pueden lograrlo o serlo, tú también puedes. Permíteles inspirarte y elevar tu ánimo. La forma en que decides avanzar en la vida es tu elección. Tienes tus propios métodos, ideas y opiniones, y son más sólidos y audaces que cuando tenías 25 años. Eres más seguro, maduro, sabio y amoroso que nunca. Aprecia y felicítate por la persona en la que te has convertido y continúa creciendo y mejorando cada día.

Durante mucho tiempo, no me di cuenta de que no me amaba lo suficiente. Estaba descontento con mi forma de vestir y me sentía incómodo con algunos kilos de más que sentía que debía perder. ¿De dónde provenía esta insatisfacción? Intenté deshacerme de esos kilos de más y mejorar mi estilo, pero en realidad, todo se reducía a la falta de autoestima. Si me hubiera amado más, habría aceptado quién era en ese momento.

Finalmente, llegué a un punto de reconocimiento. Asumí la realidad: no era delgado. Y una vez que acepté esa verdad, mi perspectiva cambió. Empecé a cambiar la forma en que me veía a mí mismo. Pensé: "A pesar de no ser delgado, debería amarme a mí mismo". Comencé a hacer ejercicio y me comprometí a cuidar de mí mismo para sentirme mejor y lucir mejor. Esa fue mi estrategia y me mantuve en ella. A medida que avanzaba en mi viaje, me di cuenta de que había supuesto erróneamente que a la gente le importaba mi peso tanto como a mí, cuando en realidad no les importaba en absoluto. Cada proceso de pérdida de peso es personal y tiene sus desafíos. Fue un camino difícil, pero me hice una promesa a mí mismo de amarme más, independientemente de los resultados.

Comprendí que no obtendría resultados de la noche a la mañana, pero cada día me recordaba que necesitaba cultivar el amor propio. Esta promesa hizo que me diera cuenta de lo que me estaba perdiendo y cómo estaba siendo mi propio crítico más duro. Era fundamental asegurarme de que mi autocrítica no se transformara en autodesprecio. A veces, podemos caer en la autocrítica en un intento de humor, pero, en su mayoría, proviene de la duda y la inseguridad.

En lo que respecta a tu vida, nadie puede hacer un mejor trabajo que tú. Tu felicidad está en tus manos, al igual que tu sensación de seguridad y mucho más. Incluso si otras personas influyen en tus decisiones, eso sucede porque tú les das ese poder. A los 40 años, no has perdido la capacidad de tomar las riendas de tu propia felicidad; todavía tienes el control. La clave está en aceptar y dejar de compararte con los demás.

En realidad, la comparación es un hábito poco saludable. A los 40, estás envejeciendo, pero eso no significa que tu calidad de vida esté disminuyendo. Necesitas adoptar pensamientos que fomenten la felicidad en tu vida y aceptar que no puedes vivir como un adolescente o como una persona en sus veinte o treinta años a esta edad. Este enfoque te ayudará a dejar de obsesionarte con el pasado y a vivir tus cuarenta de la mejor manera posible, evitando arrepentimientos en el futuro.

¿Qué puedes aprender de este capítulo?

Afronta los cambios como desafíos. ¡Tienes la capacidad para lograrlo! Prioriza tu propia felicidad, y así podrás ser un apoyo para que otros encuentren la suya. Aprende a valorarte en el presente, no esperes diez años para hacerlo. De lo contrario, te arrepentirás. Deja de compararte con los demás y, en su lugar, ¡disfruta de la vida!

Notas del diario

Pregúntese...

1. ¿Te comparas con los demás? Si es así ¿por qué?

   _____
   _____
   _____
   _____
   _____

2. ¿Hay alguien a quien admiras? O, cuando admiras a alguien, ¿simplemente te sientes mal contigo mismo?

   _____
   _____
   _____
   _____
   _____

3. Si hay alguien a quien admiras, ¿hace algo que tú no haces? ¿Es algo que te gustaría hacer?

   _____
   _____
   _____
   _____
   _____

4. ¿Recibes alguna idea inspiradora de las personas mencionadas anteriormente? ¿Hay algo que puedas hacer que te inspire?

_____
_____
_____
_____
_____
_____
_____
_____

5. ¿Hay alguien en tu vida que te inspira o motiva?

_____
_____
_____
_____
_____
_____
_____
_____
_____

CAPÍTULO 7

MENTIRAS

Siempre he estado orgullosa de mi edad, y nunca he sentido la necesidad de ocultarla. Si alguien me pregunta cuántos años tengo, lo digo con honestidad. Sin embargo, con el tiempo, he notado que cada vez más mujeres optan por mantener su edad en secreto. ¿Por qué toman esa decisión? Aunque al principio no entendía las razones detrás de este comportamiento, a medida que he investigado y conversado con otras mujeres al respecto, he empezado a comprender las motivaciones que hay detrás.

Existen diversas razones por las que las mujeres pueden decidir no revelar su edad, y la discriminación basada en la edad es una de las principales preocupaciones. La actitud de las personas hacia una mujer puede cambiar drásticamente cuando descubren cuántos años tiene.[9]

Por ejemplo, la discriminación por edad puede tener un impacto significativo en la vida de una mujer, especialmente en el ámbito laboral. Las empresas a menudo tienden a preferir candidatos más jóvenes en sus procesos de contratación, a pesar de que las leyes laborales protegen a los trabajadores de 40 años o más de la discriminación en aspectos como la contratación, los salarios y la retención. Sin embargo, las mujeres todavía sienten que se enfrentan a discriminación en el proceso de selección. Es importante destacar que, dependiendo del tipo de trabajo al que se postulan, existen empleadores que valoran la experiencia y la responsabilidad que aportan las trabajadoras mayores. A menudo, estos empleados no requieren entrenamiento extenso, ya que han acumulado un conjunto de habilidades y una amplia experiencia, lo que los convierte en valiosos activos para las empresas. En este sentido, envejecer puede ofrecer ciertas ventajas en el ámbito laboral.

Mentir sobre la edad no es algo que debamos alentar, pero comprendo que existen razones detrás de esta conducta. Como mujer de cuarenta años, es posible que te sientas atraída por actividades o intereses que a menudo se asocian a mujeres más jóvenes. Esta atracción a veces puede llevar a algunas personas a mentir sobre su edad. Aunque no justifico esta mentira, puedo

---

[9] Precious Adesina, "Women Lying About Their Age Is Getting Old," Last updated December 3, 2018, http://www.refinery29.com/en-gb/why-women-lie-about-their-age.

entender las motivaciones detrás de ella, especialmente si no se lastima a nadie en el proceso. Algunas personas pueden sentirse tentadas a decir que son más jóvenes (rara vez alguien miente sobre ser mayor) para atraer a alguien, obtener ciertos privilegios o asegurarse un trabajo. Todos tenemos aspiraciones en la vida, y a veces la gente miente para tratar de alcanzar sus metas.

Sin embargo, es importante reflexionar sobre si realmente vale la pena recurrir a la mentira. ¿Es necesario mentir para conseguir lo que deseas? Estas preguntas deberían ayudarte a determinar si la mentira acerca de tu edad es realmente necesaria. A continuación, te proporcionaré dos razones sólidas por las que no es necesario recurrir a la mentira.

En primer lugar, mentir es una conducta que, en cierta medida, casi todos hemos practicado en algún momento. Sin embargo, el hecho de que sea una práctica común no justifica continuar haciéndolo. Aunque muchas personas mienten para evitar consecuencias o buscar beneficios, la mentira implica distorsionar la realidad. Implica afirmar que algo es cierto cuando en realidad no lo es. A pesar de que la gente miente por diversas razones, no se considera ético o correcto.

Siempre existe esa cosa que la gente dice que no hay pecado mayor: el pecado es un pecado y serías castigado por ello. Del mismo modo, una mentira es una mentira, sin importar su magnitud. No existe una gran mentira ni una pequeña mentira; una vez que tergiversas la verdad, es una mentira. Lo que intento decir es que, aunque tergiversar tu edad pueda parecer algo inofensivo, sigue siendo una mentira, lo cual te convierte en una persona poco sincera.

He mencionado antes que todo el mundo, en un momento u otro, ha dicho una mentira sobre algo. ¿Cuál esperas que sea la actitud general de la gente hacia la mentira? ¿Aceptación? ¿Ignorancia? Esperas que la gente no juzgue a los que mienten porque todos lo hacemos, ¿verdad? Bueno, voy a desilusionarte. Esa no es en absoluto la reacción de la gente. La gente desaprueba las mentiras tanto como otros actos deshonestos. Te ven como alguien que no es honesto ni lo suficientemente valiente como para reconocer la verdad. Se te considera una persona cobarde e irresponsable. Aunque hayas mentido en una cosa, asumen que no puedes ser honesto en otras áreas de tu vida.

Permíteme ilustrar esto con una breve historia que he presenciado. Una vez, un niño pequeño se unió a una familia, pero su presencia trajo consigo problemas. Sospecharon de él y lo sorprendieron en un acto indebido. El niño fue castigado y prometió no volver a hacerlo nunca más. Sin embargo, varias semanas después, algo desapareció y el único sospechoso fue el niño. Cuando se le preguntó, negó incluso hasta el punto de llorar, pero nadie le creyó. ¿Por qué? Porque lo habían atrapado robando una vez, y asumieron que solo podía ser el ladrón.

Ahora que lo pienso, es posible que el niño no haya sido el responsable de la última desaparición, pero tenía un historial de mal comportamiento, y la gente ya lo veía bajo esa luz. Si el niño no era el culpable como afirmó, simplemente se necesitaría atrapar al verdadero culpable para liberarlo de las sospechas. Esta es una de las injusticias de la vida. Si mientes una vez, te etiquetan como mentiroso de por vida a los ojos de algunas personas. Por ejemplo, si dices que tienes cuarenta años cuando en realidad tienes un poco más de treinta, y otros se dan cuenta, comenzarán a cuestionar tu honestidad en otras áreas de tu vida.

Piénsalo detenidamente, ¿realmente vale la pena mentir sobre tu edad con todas las consecuencias que conlleva? Tienes cuarenta años, y eso es lo que eres. En lugar de tergiversar la verdad, abraza tu edad y encuentra el lugar perfecto que se ajuste a ella. La razón por la que probablemente mientes sobre tu edad es porque deseas encajar en un lugar, un grupo, o lo que sea. Ahora, imaginemos que logras engañar a la gente y finalmente te integras. ¿Pero qué sucede cuando te descubren mintiendo? Siempre existe la posibilidad de ser atrapado, debes ser consciente de eso. Después de eso, nadie volverá a confiar en ti, y si por casualidad recuperas la confianza, llevará mucho tiempo. Perderás la reputación o el prestigio que hayas construido mientras estabas en ese lugar, y, en última instancia, no podrás reconstruirlo porque, incluso tú, dudarás de volver a intentarlo después de ser descubierto. ¿Cuál es el verdadero fundamento de un edificio si sabes que algún día se derrumbará? Si hay algo importante que debes comprender, es que las mentiras no sostienen nada. Todo lo que construyas sobre una base de mentiras eventualmente colapsará. Cuando eso ocurra, será como palabras que ya se dijeron y no pueden retractarse. La honestidad es un cimiento sólido, mientras que la mentira es todo lo contrario.

Otra razón por la que es fundamental no mentir sobre tu edad es que una mentira conduce a otra. Una mentira nunca se queda sola; siempre requiere más mentiras para sostenerla. Imagina a una mujer de cuarenta años que decide decir que tiene treinta y tres para unirse a un club de mujeres. Al principio, la reciben con entusiasmo, ya que encaja bien y parece más joven de lo que realmente es. Sin embargo, con el tiempo, comienza a tropezar con contradicciones relacionadas con su edad. Para mantener su membresía y seguir agradando a las demás, responde con más mentiras para encubrir la primera. Tal vez, en un momento posterior, alguien descubre su verdadera edad en sus documentos y ella intenta justificarlo como un error. Pero no se detiene ahí; continúa mintiendo para ocultar la mentira original. Eventualmente, alguien que siente curiosidad profundiza y descubre la verdad sobre su edad. A pesar de que su edad no era un problema para ser miembro en primer lugar, su historial de mentiras hace que la consideren indigna de pertenecer, y es eliminada.

La lección que debemos aprender es que cualquier estructura construida sobre mentiras está condenada a tambalear y caer. Puede mantenerse en pie por un tiempo, pero no indefinidamente. Una vez que empiezas a mentir, sientes una presión constante para continuar mintiendo sobre lo mismo. Puede que hayas decidido inicialmente mentir solo sobre tu edad, pero esa mentira te llevará a mentir sobre otras cosas para mantener la coherencia y despejar las dudas de las personas. El ciclo se perpetúa hasta que llega a su fin, y generalmente no termina a tu favor.

Por otro lado, las mujeres que mienten sobre su edad, por ejemplo, en entrevistas de trabajo, no necesariamente tienen un bajo rendimiento. A menudo lo hacen por temor a la discriminación. Sin embargo, es importante recordar que los empleadores eventualmente descubrirán tu verdadera edad, y comenzar un nuevo trabajo con una mentira no es la mejor manera de establecer una relación laboral. Debes confiar en que encontrarás el trabajo adecuado con el empleador adecuado, sin necesidad de recurrir a la mentira.

*

Entonces, sabiendo que todo esto puede acarrear problemas en algunos momentos, ¿por qué las mujeres siguen mintiendo sobre su edad? Como mencioné anteriormente, es considerado de mala educación preguntarle a una mujer cuántos años tiene. Pero, ¿por qué deberíamos sentirnos avergonzadas de nuestra edad? ¿Tenemos miedo de ser juzgadas o comparadas con otras? ¿Nos preocupa que otras mujeres luzcan mejor que nosotras o que tengan mejores genes? Algunas cosas las podemos controlar, y otras no, todo debido a la selección natural.

Cuando evaluamos adecuadamente las cosas, las consecuencias de mentir superan con creces los beneficios de hacerlo. Entonces, simplemente debemos aceptar quiénes somos y seguir adelante. Además, en la actualidad, hay muchas maneras de mejorar y realzar nuestra apariencia, desde el uso de lentes de contacto hasta cambiar el color de nuestro cabello, o haciendo ejercicio y eligiendo la ropa adecuada para resaltar nuestras cualidades o disimular nuestros defectos. Lo esencial es trabajar con lo que tenemos, en lugar de ir en contra de ello. ¡Necesitamos invertir tiempo y esfuerzo en nosotros mismos!

¿Por qué la edad se considera un tabú? He escuchado historias de hombres que rompieron compromisos cuando descubrieron que la mujer con la que planeaban casarse era mayor que ellos. ¡Vaya! ¿Eso significa que, desde el principio, no la amaban? Pero ¿por qué engañar a tu prometido acerca de tu edad? Si lo haces, estás comenzando tu vida matrimonial basada en una mentira, y eso no es una idea inteligente en absoluto. En mi opinión, yo también consideraría romper con una mujer que miente de esa manera. Sin embargo, ¿qué debe hacer una mujer soltera mayor? ¿Simplemente seguir mintiendo por el resto de su vida?

*Hay mucha gente que miente sobre su edad
y creo que nos hace un flaco favor a todos.
No todo puede terminar cuando llegas a los 30.
Eso sería una tontería.*[10]
—**SOPHIA ELLIS BEXTOR**

---

[10] Sophie Ellis-Bextor, www.brainyquotes.com, Access date December 10, 2021, https://www.brainyquote.com/quotes/sophie_ellisbextor_428884.

LOS 40 PERFECTOS

¿Por qué la sociedad no puede apreciar más a las mujeres, independientemente de su edad? Creo que parte del problema radica en cómo nuestros padres nos educan para juzgar a las personas en lugar de aceptarlas tal como son. Ahí es donde comienza todo. Los realistas argumentan que, para sobrevivir en este mundo, debemos aceptar los hechos tal como son. Los idealistas afirman que podemos cambiar el mundo si tomamos las medidas adecuadas. Sin embargo, lo que no podemos cambiar es el hecho de que envejecemos y cumplimos 40 años. Necesitamos ajustar nuestras expectativas, aceptar la realidad y planificar nuestras vidas en consecuencia. Por mucho que intentemos ocultarlo, nuestra edad no cambiará. ¡Nada lo hará! Una vez que hagamos las paces con eso, podremos avanzar en nuestras vidas.

Envejecer no es algo negativo. Significa que acumulamos más experiencia y sabiduría, y deberíamos sentirnos orgullosas de ello. Las mujeres mayores podemos discernir quién es auténtico y quién no, quién miente y quién es honesto, quién es compasivo y quién está lleno de ego. Obtenemos ese conocimiento a través de nuestras propias vivencias y de las personas que han cruzado nuestro camino. La vida no termina a los treinta o a los veinte; hay vida que vivir a los cuarenta, cincuenta e incluso sesenta. Hay vida en cada momento. Quizás no lo percibas porque estás enfocada únicamente en el pasado. Mira a tu alrededor y aprecia tu vida presente. A los cuarenta, hay muchas oportunidades maravillosas por aprovechar. No necesitas mentir para sentirte mejor contigo misma. La felicidad que obtengas a través de una mentira será efímera, ya que simplemente no perdura. Entonces, no hay necesidad de mentir. Tienes cuarenta años, y la verdad es que una mentira no puede cambiar eso.

Tu autoaceptación y amor propio son lo primero en la vida. La mayoría de nosotros no nos damos cuenta de que no nos aceptamos a nosotros mismos, es decir, que no nos amamos lo suficiente. El amor propio y la autoaceptación nos dan seguridad y confianza. Aceptar que vas a cumplir 40 años es el primer paso. El segundo paso es permitir que todos los demás en tu vida también acepten ese hecho. Si tienen algún problema con eso, no deberían estar en tu vida. Recuerde: la opinión de los demás no debería importar.

¿Qué puedes aprender de este capítulo?

Siéntete orgullosa de tu edad. Debes amarla, ya que es una prueba de tu experiencia y conocimiento. Ámate a ti misma y practica el amor propio. Existen numerosas formas de lograrlo; investiga y encuentra la que mejor funcione para ti.

Notas del diario

Pregúntese...

1. ¿Estás orgulloso de ti mismo y de quién eres?
   _____
   _____
   _____
   _____
   _____

2. ¿Te recuerdas lo maravilloso que eres cada día?
   _____
   _____
   _____
   _____
   _____

3. ¿Mientes sobre tu edad? ¿Por qué?
   _____
   _____
   _____
   _____
   _____

CAPÍTULO 8

QUÉ ESPERAR

Envejecer es un proceso inevitable, por lo que debemos anticiparlo y prepararnos para su llegada de alguna manera. ¿Por qué notamos el paso del tiempo y que estamos envejeciendo? La razón más común por la que nos damos cuenta de que estamos envejeciendo son los cambios en nuestra apariencia física. Nos miramos en el espejo y exclamamos: "¡Oh, estoy envejeciendo!". Luego comenzamos a reflexionar sobre otros cambios que han estado ocurriendo dentro de nosotros. Cuando cumplí 35 años, noté arrugas en mi rostro, un metabolismo más lento, una fatiga más rápida, y la incapacidad de mantenerme despierta hasta tarde; de hecho, temía cualquier evento después de las 8:00 p.m. Opté por noches de cine en pijama en lugar de fiestas nocturnas, y me di cuenta de que necesitaba al menos seis horas de sueño para funcionar adecuadamente al día siguiente. Si la gente tuviera la opción, la eterna juventud sería su elección, ya que estos cambios no siempre son bienvenidos.

A medida que envejecemos, experimentamos numerosos cambios, a veces sin siquiera saber por dónde comenzar. Experimentamos niebla mental, crecimiento aleatorio de vello facial, cabello canoso, pérdida de cabello, sofocos que pueden durar una década, problemas de visión y visión borrosa, mareos, disfunción urinaria, retención de agua e hinchazón, palpitaciones del corazón, piel seca, acné, interrupciones y alteraciones del sueño, sudores nocturnos, cambios menstruales, ansiedad, pérdida de memoria a corto plazo, dificultad para concentrarse y pensamiento confuso, dificultad para realizar múltiples tareas, fatiga, cambios de humor, enojo y una sensación de urgencia... Todos estos son síntomas del temido paso de los 40. Si estás experimentando estos cambios, no estás sola. Hace cinco años, nunca habría pensado en cinco de estos problemas; sin embargo, ahora, alrededor de un tercio de ellos son parte de mi vida diaria. Uno de los desafíos más notorios que enfrento son los dolores de cabeza. Vienen y van, a veces duran días, desaparecen durante dos semanas y luego regresan. ¡Santo Cielo!

Y eso no es todo; existen muchos más signos de envejecimiento, incluyendo la perimenopausia, que comienza varios años antes de la menopausia. Este período marca la transición natural de tu cuerpo hacia la menopausia, marcando el fin de tus años reproductivos. Es un momento crucial que conlleva cambios físicos, mentales e incluso espirituales. Experimentarás cambios en tu entorno, mentalidad y en tu familia. No podemos detener ni revertir el tiempo, eso es seguro; el tiempo continuará avanzando y envejecerás. Estos cambios son probables para todas las mujeres a medida que envejecen, aunque no todos los experimentarán, y esta lista no es exhaustiva. Por lo tanto, debes prepararte mentalmente para este momento que, debido a las circunstancias, es inevitable. La única salida es aceptarlo y vivir de la mejor manera posible.

Una de las principales preocupaciones sobre el envejecimiento que escucho de otras mujeres se refiere a la maternidad. La creencia común es que después de los 40, no es posible tener más hijos. Si bien es cierto que después de los 40, la calidad de los óvulos disminuye,[11] esto no implica que no puedas concebir. Aunque las probabilidades son menores debido a la disminución de la calidad de los óvulos, aún existe la posibilidad de quedar embarazada. Si estás considerando tener un hijo después de los 40, ten en cuenta que tu nivel de energía para cuidar de un niño no será el mismo que si hubieras tenido hijos en tus 20 o 30 años. Actualmente, muchas mujeres tienen hijos entre los 30 y 40 años,[12] y la tecnología ha avanzado tanto que incluso es posible concebir después de los 50. Algunas

---

[11] acog.org, https://www.acog.org/womens-health/faqs/having-a-baby-after-age-35-how-aging-affects-fertility-and-pregnancy#.
[12] Gretchen Livingston, "They're waiting longer, but U.S. Women today more likely to have children than a decade ago," www.pewresearh.org, Last updated January 18, 2018, https://www.pewresearch.org/social-trends/2018/01/18/theyre-waiting-longer-but-u-s-women-today-more-likely-to-have-children-than-a-decade-ago/.

mujeres profesionales ocupadas optan por congelar sus óvulos y recurren a madres sustitutas. Si planeas seguir esta ruta, hazlo temprano para que puedas tomar decisiones informadas sobre el uso de tus óvulos en el futuro. La decisión está en tus manos, recuerda que eres la única responsable de tu cuerpo y tu vida. No deberías preocuparte por lo que opinen los demás. Esta es tu vida, y solo tú decides tu futuro y qué cambios implementar en el camino. La gente hablará de todas maneras, así que, ¿por qué basar tus decisiones y planes de vida en la opinión de los demás? Sigue lo que te hace feliz.

Es fundamental centrarse en lo que te hace feliz en esta etapa, ya que ese debería ser tu enfoque principal. Es probable que hayas dedicado tus primeros años a hacer que las cosas funcionen para ti en términos físicos, emocionales, mentales y espirituales, como la mayoría de las personas. Debes mantener estas expectativas, y debes estar preparada para los cambios. Los cambios pueden parecer desafiantes, pero es tu responsabilidad equilibrar tu vida y dar prioridad a lo que beneficia tu bienestar. ¿Por qué deberíamos anticipar estos cambios a partir de los cuarenta? Tener expectativas reduce la carga que sientes ante la inevitabilidad de estos cambios. Permíteme explicarte con más detalle.

En cuanto a las decepciones, es aconsejable no esperar demasiado de las personas. Por ejemplo, no esperes que tu amiga esté siempre disponible para ti en todo momento, ni que un amigo cercano nunca te decepcione. Deberías estar dispuesta a manejar estas expectativas por tu cuenta. Aunque esperes que tu amigo más cercano no te traicione y esté ahí para ti cuando lo necesites, debes recordar que todos, ya sea tu familia, amigos o mejores amigos, son susceptibles de cometer errores y decepcionar a otros en algún momento. Por eso, se aconseja no cargar con expectativas excesivas para que, si ocurre alguna decepción, no te afecte tanto como lo haría si hubieras esperado que no se produjera. Imagina que se acerca tu cumpleaños y tienes una mejor amiga a la que conoces desde hace siete meses. Tienes la expectativa de que te compre un regalo. Sin embargo, cuando llega tu cumpleaños, ella solo te regala su compañía durante todo el día en tu casa. Esto te desilusiona mucho, ya que habías esperado al menos un regalo de tu mejor amiga. Esta decepción te lleva a cuestionar si tu mejor amiga valora la relación tanto como tú, lo que genera dudas sobre su aprecio por ti. Ahora, consideremos el otro escenario. Imagina que estabas tan emocionada en las semanas previas a tu cumpleaños que ni siquiera pensabas en recibir un regalo de tu mejor amiga. Si ella te da un regalo, lo recibirás con alegría y gratitud por su consideración. Si no te da un regalo, te sorprenderás un poco, pero no te sentirás tan herida como en el primer caso, ya que no habías depositado expectativas en el regalo. Estabas más enfocada en disfrutar de tu vida y anticipar tu cumpleaños. Esto ejemplifica cómo las expectativas pueden influir en la decepción. Por esta razón, debes esperar que tu vida no sea igual a cuando eras adolescente, veinteañera o incluso treintañera. Estas expectativas te preparan para enfrentar lo que está por venir. Y cuando te enfrentas a un desafío y te preparas, aumentan tus posibilidades de superarlo.

Los estudios muestran que las mujeres de 40 años o más tienden a tener más confianza y a saber lo que les gusta y necesitan que en sus primeros años. Disminuyen la dependencia y la autocrítica y aumentan la confianza en sí mismas y la decisión.[13]

— **Búsqueda en Google: "Qué esperar cuando cumplas 40 años"**

La razón por la que ocurre esto es que, a medida que envejeces, aprendes lo que deseas y ya no dependes tanto de otras personas. A lo largo de los años, tus experiencias te han moldeado, permitiéndote desarrollar una mayor independencia. En general, a medida que las personas envejecen, disminuye su necesidad de depender de otros, ya que se vuelven más autosuficientes en diversas áreas de sus vidas. Este proceso no es diferente para las mujeres. Al llegar a los cuarenta, es probable que hayas establecido una carrera o un trabajo que te permita mantener tus finanzas, liberándote de la dependencia financiera

---

[13] Deb Schilling, "You're Turning 40-Embracing Both Physical and Emotional Changes at this Milestone Birthday," www.mankatoclinic.com, Last updated February 9, 2015, http://www.mankatoclinic.com/youre-turning-40.

de tus padres, por ejemplo. La confianza crece gracias a la certeza que obtienes a lo largo de los años. Seguro has oído la expresión "un tonto a los cuarenta, tonto para siempre", ¿verdad? Esto se debe a que esta edad se considera un punto de madurez generalmente reconocido. A los cuarenta, se espera que hayas acumulado experiencias y conocimientos que te impidan repetir errores del pasado y te impulsen a mejorar tu vida, lo que a menudo trae consigo novedades y cambios positivos.

Una de las experiencias más gratificantes que tuve al llegar a los 39 años fue darme cuenta de que me sentía más feliz y confiada que nunca. Además, mi nivel de estrés se redujo considerablemente en comparación con lo que experimentaba tres años atrás. Una cosa es cierta: a medida que envejecemos, también ganamos sabiduría. ¿Has notado que a menudo buscamos consejo en personas mayores? Seguro sabes por qué. La sabiduría implica tanto el conocimiento como su aplicación. Ser sabio no se limita simplemente a tener información precisa, sino también a saber cómo aplicar ese conocimiento de manera efectiva. La razón por la que se considera que las personas mayores son más sabias radica en que, a medida que pasan más tiempo en este mundo, acumulan conocimiento y, a través de sus experiencias, aprenden la mejor forma de aplicarlo. Por ejemplo, una mujer mayor que ha experimentado su período durante años sabrá cómo aconsejar a una adolescente que está experimentando su primer ciclo menstrual. Tendrá información valiosa sobre cómo llevar un registro de los ciclos, mantenerse limpia durante ese período, y qué alimentos o ejercicios son beneficiosos. Todo esto se debe a su experiencia y conocimiento adquiridos a lo largo del tiempo. Tener cuarenta años puede que no sea lo más antiguo, pero sin duda supera a los veinte o treinta años en cuanto a experiencia y sabiduría. Como mujer de cuarenta, puedes sentirte orgullosa de ser más sabia. Tienes conocimientos que superan a los de las generaciones más jóvenes, lo que te convierte en un recurso valioso al que pueden acudir en busca de consejo y apoyo. Hemos hablado ampliamente sobre los cambios que se avecinan con la edad y cómo debes anticiparlos. La mayoría de estos cambios pueden ser desfavorables, pero hay uno que es verdaderamente gratificante. Debes esperar que la gente te admire. Querrán aprender de ti cómo gestionas tu vida, tu familia, tus amigos, tu trabajo, y mucho más. Te perciben, al igual que a otras personas mayores, como alguien que posee un conocimiento valioso, y les gusta ver la vida desde tu perspectiva.

Por supuesto, los síntomas del envejecimiento a veces pueden ser difíciles de controlar, y cada persona los experimenta de manera diferente. Yo tengo algunos síntomas, tú tienes otros, y otra persona tiene sus propios síntomas. Algunos pueden experimentar más síntomas que otros.

Si encuentras que tus síntomas son numerosos o difíciles de manejar, o si tienes preocupaciones sobre tu salud, no dudes en consultar a tu médico. No esperes. Tienes un seguro médico por una razón, así que úsalo. Incluso si algo te preocupa, es mejor prevenir que lamentar, ¿verdad? Detectar cualquier problema a tiempo es fundamental. Habla con tu médico sobre lo que debes hacer o evitar, desde un punto de vista médico, para aliviar los síntomas del envejecimiento. Si deseas obtener más información sobre los cambios físicos que puedes esperar, hay numerosos libros sobre los cambios que experimentan las mujeres después de los 40 (menciono algunos en la lista de lectura al final del libro). Pregunta a tu médico cuáles podrían ser los adecuados para ti. Tu bienestar personal debe ser tu prioridad.

Comprometerme a mejorar mi cuidado personal fue una pieza clave para mí. Por ejemplo, después de tener dos hijos y someterme a varias epidurales, comencé a experimentar molestias en la espalda y dolores de cabeza diarios. No estaba segura si estos síntomas eran simplemente signos de envejecimiento o si había algo más detrás de ellos. Exploré diferentes opciones, como quiropráctica, fisioterapia, acupuntura, radiografías y resonancias magnéticas. Probé de todo. Mi hombro también me causaba problemas debido a cargar a mis bebés, así que fortalecí tanto mi hombro como mi espalda, lo cual me ayudó a sentirme mejor. Reduje mi consumo de café y té, lo que a su vez contribuyó a controlar mis dolores de cabeza. Mi médico me realizó análisis de sangre para asegurarse de que mis niveles hormonales fueran normales y que no tuviera deficiencias vitamínicas. Descubrí que tenía bajos niveles de vitamina D, por lo que comencé a tomar suplementos de vitamina D y otras vitaminas necesarias. Además, noté que mi cabello no crecía tan rápido después de dar a luz a mi segundo hijo como lo hacía después del primero. Como mencioné antes, incorporé colágeno y suplementos capilares, los cuales me fueron de gran ayuda. Estas son solo algunas de las experiencias que he vivido en los últimos años, y me han hecho darme cuenta de que ya no tengo 25 años, ¡y está bien! Como mencioné antes, envejecer no significa solo volverse mayor, sino también más sabio.

Ahora, todos somos lo suficientemente sabios como para abrazar lo positivo y enfocarnos en las cosas maravillosas que vienen con cumplir 40 años. Podemos apreciar las emocionantes facetas de la vida y disfrutar de cada momento con aquellos que realmente importan. Hemos llegado a esta etapa descubriendo quiénes somos y cuánto valemos, además de reconocer el valor que tienen las personas que elegimos mantener cerca de nosotros. Las cosas negativas ya no ocupan el centro de nuestra atención. Hemos aprendido a amarnos a nosotros mismos.

¿Qué puedes aprender de este capítulo?

Con el tiempo, todos llegaremos a sentir "nuestra edad". Asegúrate de realizar tus exámenes físicos de rutina cada año. No tienes nada que perder y puedes prevenir problemas que podrían ser más complicados si los dejas pasar. Acepta los cambios y adáptate a ellos. Encuentra la felicidad y la gratitud en cada día. Experimenta la vida y busca formas de abrazar los cambios y trabajar con ellos.

Notas del diario

Pregúntese...

1. ¿Estás satisfecho contigo mismo, tanto física como emocionalmente? Si no es así, ¿qué medidas puedes tomar para mejorar tu salud y bienestar? (Escriba una lista sobre lo que puede hacer para mejorar el nivel de comodidad y tranquilidad en su vida).

   _____

   _____

2. ¿Aceptaste el hecho de que tú y todos los que te rodean envejecerán? (¡No hay nada que podamos hacer para cambiar eso!)

   _____

   _____

   _____

3. ¿Sientes gratitud por tu identidad y por los esfuerzos que has realizado para ser quien eres en tu propio cuerpo? ¿Te brindas el autocuidado necesario, como una alimentación saludable, ejercicio regular y una hidratación adecuada, etc.?

   _____

   _____

   _____

   _____

CAPÍTULO 9

MIEDO

El miedo es una emoción comúnmente experimentada en la sociedad, ya que todos tenemos temores en nuestras vidas. Aunque a menudo escuchamos sobre las crisis de la mediana edad, raramente se habla de los miedos que acompañan este período. Al acercarse a los 40 años, parece que nos despedimos del pensamiento despreocupado para dar paso a la inquietud y la ansiedad. Nuestras preocupaciones pueden desencadenar perturbaciones en nuestra vida social y personal, ya que a menudo concentramos nuestra atención en estos miedos. En mi caso, mi miedo al envejecimiento no se asemejaba al temor común a las arañas, serpientes o saltamontes. Era un miedo más profundo. Evitaba deliberadamente discutir ciertos temas y rehuía la lectura sobre ellos. Intentaba apartar estos pensamientos cuando surgían, tratando de distraerme con cualquier otro tema...

Sin embargo, una vez que me enfrenté a la realidad, me di cuenta de que mi miedo se centraba en envejecer y, en última instancia, en la muerte. A medida que compartía mis inquietudes con otras mujeres de mi edad, me daba cuenta, una vez más, de que no estaba sola en esta experiencia. Como mencioné anteriormente, escribí este libro porque me sentía aislada en mis temores. Busqué incansablemente respuestas, pero ningún libro me proporcionaba el consuelo simple de saber que "no estaba sola" o que "no estaba perdiendo la razón". Me sentía incapaz de conectar con nada "ahí afuera". Pero aquí está la buena noticia: no somos los únicos que atravesamos esta especie de locura a los 40. Simplemente, es un tema del que rara vez se habla.

El temor a la muerte no se limita únicamente a las mujeres que alcanzan los cuarenta años; en realidad, es un miedo que las personas suelen enfrentar a medida que envejecen. Sin embargo, no todos comparten este temor. Algunos individuos pasan toda su vida sin preocuparse ni temer a la muerte. En algún punto de este libro, mencioné algo esencial sobre el proceso de envejecimiento. Mencioné que a medida que uno se hace mayor, se presentan dos caras de la moneda: la positiva y la negativa. El aspecto positivo radica en celebrar un año más como un verdadero campeón, ya que la vida es una batalla en sí misma y quienes pueden superar cada año son campeones en ese sentido.

La parte negativa se relaciona con la proximidad a la muerte; a medida que aumenta la edad, el tiempo que nos queda en la Tierra disminuye. La muerte es algo inevitable que todos conocemos. Tanto los ricos como los pobres, de todas las razas y géneros, en algún momento serán testigos de la muerte. Es menos común que los niños experimenten la muerte en comparación con los adultos. Los niños a menudo fallecen debido a enfermedades o accidentes. En general, son los adultos los que enfrentan un mayor riesgo de morir a medida que envejecen. Cuanto más avanzamos en edad, más altas son las probabilidades de enfrentar la muerte. Por lo tanto, el miedo a la muerte es un sentimiento que afecta en gran medida a las personas mayores. Rara vez encontramos a un adolescente o alguien en sus veintes preocupados por la muerte o afectados por el miedo a ella. En cambio, es en la adultez, especialmente a partir de los cuarenta años, donde este temor adquiere más relevancia debido a la mayor conciencia de nuestras propias posibilidades.

Diría que el miedo y la muerte son elementos intrínsecos de la vida, pero no siempre en un contexto positivo. Además, argumentaría que el miedo y la muerte son experiencias inherentes a la vida, aunque no siempre se perciban de manera positiva. Puesto que el miedo surge en las personas según su percepción de las situaciones, no podemos invalidar este sentimiento; el miedo es una emoción completamente normal. En distintos momentos de la vida, todos experimentamos diferentes tipos de miedos. En ocasiones, el miedo puede motivarnos a realizar acciones que de otra manera no habríamos considerado. Ha llevado a muchas personas a emprender diversas acciones, algunas de las cuales pueden resultar positivas, mientras que otras pueden tener consecuencias negativas. Después de años de ignorar mis pensamientos, llegué a la conclusión de que necesitaba afrontar mis temores. Cuanto más intentaba reprimir mis pensamientos, más intensamente resurgían. El proceso de envejecimiento planteó para mí algunas de las cuestiones más profundas de la vida. El miedo puede colocarnos en una posición en la que todo parece abrumador. La mayoría de mis miedos se relacionaban con la pérdida, ya fuera de personas o cosas. Específicamente, temía perder a mis seres queridos. Me atormentaba la idea de qué sucedería si algo me pasara a mí. ¿Qué ocurriría con mis hijas si yo muriera mañana? Además, estaba el temor de no volver a ver a alguien. ¿Qué pasaría si algo les sucediera? Entiendo que, cuando las personas fallecen, sus seres queridos encuentran la manera de continuar con sus vidas. Sin embargo, esto me hizo reflexionar sobre la importancia de las despedidas. En lugar de tomarlas a la ligera, deberíamos considerarlas con seriedad. Nunca sabemos cuándo podría ser la última vez que vemos a alguien. Recientemente, vi un video de Will Smith que abordaba este tema, lo cual me hizo reflexionar sobre la cantidad de aspectos cotidianos que solemos dar por sentado, el proceso de envejecimiento es solo uno de ellos.

Los miedos relacionados con el envejecimiento, si no se gestionan adecuadamente, pueden hacer que alguien experimente una vida considerablemente menos satisfactoria. Esto se debe a que estos temores desencadenan una profunda reflexión y autoevaluación de la vida, lo que, en última instancia, puede desencadenar la depresión. Además del miedo a la muerte, existen otros miedos, como el temor a no cumplir con ciertas expectativas. Ya hemos explorado ampliamente este tema en un capítulo anterior. A menudo, las mujeres comparan sus logros con los de otras personas de su misma edad y llegan a la conclusión de que no han alcanzado tanto como sus contemporáneas, lo que las lleva a sentirse inadecuadas. Aunque estas mujeres pueden no emplear el término "bajo rendimiento" para describirlo, eso es precisamente lo que sienten. Viven sus vidas con el constante temor de haber desperdiciado sus días al no haber logrado tanto como los demás.

Es fundamental destacar que el miedo a no alcanzar ciertos estándares a una determinada edad o a no lograr tanto como otras personas no es un temor válido. La sociedad nos ha condicionado a creer que el éxito se puede generalizar, lo que implica que lo que una mujer logra se espera de todas las demás. Sin embargo, es crucial recordar que el éxito es un concepto altamente individualista. Solo porque dos mujeres sean de la misma edad y género no implica que deban alcanzar las mismas metas. En la etapa de la vida que atraviesa una mujer, es común preocuparse por no haber logrado lo que otras mujeres de su edad han alcanzado. Sin embargo, esta actitud es incorrecta y debe ser rechazada.

El miedo al fracaso es un sentimiento que debe ser combatido por las mujeres, ya que no tiene cabida en sus vidas. En cada etapa de la vida, lo más importante es la calidad de vida que se experimenta. ¿Realmente desearías pasar tus cuarenta años angustiándote por lo que ves que otras mujeres han logrado y tú no? ¿O preferirías invertir tu tiempo en crecer, desarrollarte y buscar la felicidad? Después de todo, la muerte puede acechar en cualquier momento, y, sin importar cuánto hayas logrado, eventualmente llegará para todos. Lamento la crudeza de esta afirmación, pero es una verdad ineludible que no pretende infundir miedo, sino enfatizar la importancia de elegir cómo deseas vivir el resto de tu vida: en un constante temor paralizante o siendo feliz.

En cuanto al miedo a la muerte, es importante destacar que algunas personas temen su propia muerte y la de sus seres queridos, como yo. La idea de perder a alguien puede ser inquietante, ya que conlleva la pérdida de futuros momentos compartidos. El miedo a la muerte puede ser abrumador si no se maneja adecuadamente, y es un hecho innegable que la muerte es un evento triste y doloroso. Es probable que la mayoría de las personas, si tuvieran la elección, preferirían nunca morir. Sin embargo, la triste realidad es que, cuando alguien fallece, se va para siempre y ya no tiene más oportunidades en la vida. Lo único que queda son los recuerdos compartidos mientras estaban vivos. Alguien sabiamente expresó que lo más doloroso de extrañar a alguien fallecido no es solo la añoranza de lo que compartieron, sino también de lo que podrían haber compartido si aún estuvieran vivos. A medida que envejeces, es natural que este temor a dejar este mundo y perder a alguien te inquiete. No obstante, no es saludable vivir el resto de tu vida bajo la opresión constante de este miedo.

En un capítulo anterior, hablamos sobre las expectativas, y en el caso de la muerte, la expectativa es particularmente relevante. Esperar la muerte es diferente a temerla. Cuando esperas la muerte, significa que has llegado a aceptar que es un evento inevitable y que estás mentalmente preparado para enfrentarlo sin sentir un temor abrumador. Por otro lado, temer la muerte implica preocupación y ansiedad por la posibilidad de que ocurra. Cuando temes la muerte, no estás preparado para enfrentarla.

El miedo tiene un efecto paralizante. Cuando el miedo a perder la vida o a que alguien querido fallezca comienza a dominar tus pensamientos a medida que envejeces, puedes no darte cuenta de lo simple que es el asunto. La realidad es que el tiempo que tienes en este mundo es limitado, y la muerte es inevitable. En lugar de torturarte con el miedo a la muerte, es mejor aceptar esta realidad y vivir felizmente el tiempo que te queda. Si no logras controlar este miedo, terminará controlándote y te impedirá disfrutar de la vida y hacer lo que realmente deseas. La verdad es que la muerte es inminente, por lo que preocuparse por ello es una pérdida de tiempo y de paz. En palabras de la Biblia: "¿Puedes extender tu vida preocupándote?" Exactamente, preocuparse solo roba tiempo, paz y felicidad. ¡Déjate de preocupaciones y supera el miedo!

*Uno de los mayores descubrimientos que hace un hombre, una de sus grandes sorpresas,
es descubrir que puede hacer lo que temía no poder hacer.*[14]
—**HENRY FORD**

¿Por qué da miedo envejecer? Bueno, esto se debe a que a menudo escuchamos historias tristes asociadas con la vejez, no planificamos adecuadamente para esta etapa de la vida (aunque hacemos planes para fiestas y eventos) y nos inquieta la idea de morir solos. La realidad es que, a menudo, subestimamos lo rápido que llega la vejez. Pensamos que aún nos queda un largo trecho por recorrer antes de llegar allí, pero cuando finalmente alcanzamos la marca de los 40, la realidad nos golpea de lleno. En mi familia, nadie nunca habló abiertamente de su temor al envejecimiento y a todo lo que conlleva. Entonces, ¿por qué me he enfrentado tanto a este miedo? ¿Por qué me siento tan diferente? ¿Por qué siento temor cuando ellos no lo sienten?

---

[14] Henry Ford, www.brainyquote.com, Access date November 29, 2021, http://www.brainyquote.com/quotes/henry_ford_133753

¿Qué hicieron de manera diferente? ¿Envejecieron de manera más efectiva que yo? ¿Por qué no les preocupa la muerte? Sabemos que la muerte es inevitable; es una verdad universal que todos conocemos. No podemos evitarla ni prolongar indefinidamente nuestra estancia en este mundo. Nadie puede predecir cuánto tiempo nos queda de vida, lo que hace que vivir plenamente cada día sea crucial. Después de reflexionar sobre este tema, llegué a una conclusión sencilla: podía temer la muerte y el envejecimiento, o podía tomar la decisión de aprovechar al máximo el tiempo que tenía. La elección fue evidente.

Crear un plan para lograr mi objetivo de aprovechar al máximo el tiempo que me queda no fue sencillo, pero lo logré. Créame, hubo días en los que olvidé pensar de esta manera, pero aprendí a redirigir mis pensamientos. Ahora, trato de vivir cada momento y sacar el máximo provecho de cada día, en la medida de lo posible. Eso no significa que cada día sea perfecto, pero he aprendido a sentir gratitud por cada uno de ellos. Encuentro al menos una razón para estar agradecida, y eso convierte el día en un buen día. Puede creerme cuando digo que al hacer esto, uno se despierta al día siguiente con una sonrisa en el rostro y decide llenar su mente de pensamientos felices. Estás agradecida por el simple hecho de despertar y emocionada por lo que el día tiene reservado para ti. (Más adelante en el libro, describo mi camino hacia la felicidad diaria y cómo disfruto cada día a medida que llega.

Es sorprendente cómo algunas frases que escuchamos a menudo no adquieren pleno significado hasta que la vida nos sacude. Por ejemplo, ¿cuántas veces hemos oído decir: "Vive cada día como si fuera el último"? Nunca le di mucha importancia a esa expresión hasta que me enfrenté a los cambios en mi vida. Ahora, ya no me preocupa impresionar a los demás; mi prioridad es disfrutar de cada día y practicar la gratitud. Las fiestas y eventos ya no ocupan mi mente; en su lugar, me enfoco en la calidad de vida que mi familia y yo compartimos. Cuidar de mi familia y de mí misma, así como ser feliz y agradecida, se han convertido en mis mayores prioridades. Como mencioné antes, la muerte es inevitable, lo que significa que cada día que amanece es una oportunidad única para hacer lo que no hice ayer, para ponerme a mí misma en primer lugar y para encontrar la felicidad.

En realidad, no debemos temer aquellas cosas que están más allá de nuestro control, cuando podemos optar por superar el miedo y vivir plenamente. En ocasiones, reflexionar sobre la muerte puede tener un impacto positivo. Contemplar el fin de la vida o la pérdida de un ser querido puede motivarnos a explorar lo que deseamos realizar antes de que llegue el momento final. Por tanto, pensar en la muerte puede ser un estímulo positivo para identificar y aprovechar las oportunidades que enriquecerán nuestros días en este mundo.

Lo esencial es encontrar la felicidad a medida que envejecemos, pues, independientemente de si pensamos en la muerte o no, esta llegará. En lugar de llenar nuestra mente y nuestra vida con preocupaciones sobre cosas y personas lamentables, deberíamos centrarnos en pensamientos que mejoren la calidad de nuestra vida. Esa es la clave para todos nosotros: ¡vivir la vida al máximo!

¿Qué puedes aprender de este capítulo?

No estás sola; no estás perdiendo la razón. Aprovecha cada instante de tu vida, vívelo plenamente. No permitas que el miedo domine tu vida ni tus decisiones. Valora a quienes son significativos en tu vida.

Notas del diario

Pregúntese...

1. ¿Aceptas tus miedos? Si no, ¿por qué no? ¿Qué puedes hacer para aceptarlos y vivir en paz?

   _____
   _____
   _____
   _____
   _____

2. ¿Tienes un plan para todas tus preocupaciones y miedos? Si no es así, ¡crea un plan hoy!

   _____
   _____
   _____
   _____
   _____

3. Recuerda vivir cada día. No esperes a mañana.

   _____
   _____
   _____
   _____

Capítulo 10

LOS PROBLEMAS DE LOS MILLENNIALS

Cuando buscaba respuestas sobre el envejecimiento y llegar a los 40, me topé con un artículo que abordaba los desafíos que enfrentan los Millennials en la actualidad.[15] La deuda estudiantil se destaca como uno de los problemas más apremiantes en nuestro país. Dado que la mayoría de los empleos requieren un título universitario, los Millennials a menudo se ven obligados a obtener uno. Sin embargo, poseer un título no garantiza un empleo, ya que la mayoría de los empleadores buscan candidatos con experiencia. Esto contribuye a que el desempleo sea otro gran desafío para los

---

[15] Ketura Bursten, "7 Serious problems Millennials face today," www.therapyinbeverlyhills.com (blog), Access date December 10, 2021, https://www.therapyinbeverlyhills.com/7-serious-problems-millennials-face-today/.

Millennials. El desempleo es frustrante en cualquier circunstancia, pero en el último año y medio, la pandemia ha aumentado las tasas de desempleo en todas las generaciones. Los salarios más bajos y un entorno laboral poco atractivo a menudo van de la mano, ya que los Millennials son exigentes en lo que respecta a sus salarios y el lugar donde trabajan. Cambiamos de trabajo cada año, o cada pocos años, en busca de oportunidades para avanzar en nuestras carreras. Con ingresos reducidos y una trayectoria laboral inestable, mantenerse al día con el creciente costo de vida, que incluye gastos como vivienda y atención médica, resulta ser un desafío constante.

Los problemas relacionados con la deuda estudiantil y el desempleo no se limitan únicamente a los millennials. Generaciones anteriores y posteriores también enfrentan estas mismas dificultades. Tomar un préstamo estudiantil se justifica en función de los beneficios esperados. Se espera que, al completar los estudios y conseguir empleo, puedas pagar la deuda con tus ingresos. Sin embargo, esto nos lleva al segundo problema: la falta de empleo. Ahora te encuentras con una deuda que debe pagarse y otras responsabilidades que asumir. Debido a las altas tasas de desempleo, en ocasiones esta deuda persiste hasta que alcanzas los cuarenta años o incluso más.

Manejar las deudas no es tan sencillo como parece. Esto se debe a que las deudas no son el único gasto que debes cubrir. Hay otras áreas de tu vida que también requieren financiamiento. La mayoría de las veces resulta complicado lidiar con las deudas junto con otras facturas pendientes. Por ejemplo, cuando eres un adulto joven, sueles ser independiente hasta cierto punto. Esto significa que probablemente ya tengas tu propio apartamento, lo que implica gastos de alquiler. En el apartamento, hay otras facturas que deben pagarse, como los servicios públicos. Además, necesitas alimentarte y vestirte, entre otras necesidades. Así que, además de las deudas, tienes una serie de cuentas que debes liquidar de forma obligatoria. Todas estas facturas pueden ser abrumadoras para la gente, algo que es bastante común entre los millennials. La situación empeora cuando no encuentras un trabajo que te permita sobrellevar estas cargas financieras, lo que a menudo tiene un impacto significativo en la salud mental de las personas.

Esto significa que, más que nunca, necesitas estar financieramente estable. A medida que las personas envejecen, las responsabilidades aumentan significativamente. La principal razón es que las personas mayores ya no pueden depender del apoyo financiero de sus padres o familiares; de hecho, ahora son las personas a las que se recurre para obtener apoyo. Tus responsabilidades no disminuirán en función de si tienes un empleo adecuado o no; de hecho, en ocasiones, incluso aumentarán. La única opción es encontrar una solución a la crisis financiera, que implica pagar tus deudas y cuidar tanto de ti como de tu familia, si es posible.

La pandemia de COVID-19 fue un desastre para muchas personas, ya que provocó la detención de algunas operaciones comerciales y llevó a la quiebra a muchas empresas. Muchos trabajadores perdieron sus empleos y la gente luchó contra los impactos negativos de la pandemia. Sin embargo, existe una perspectiva positiva de la pandemia que afecta a las finanzas. La pandemia expuso la ineficiencia de muchas empresas. A pesar de los impactos económicos negativos, no todos se vieron afectados de la misma manera. Durante la pandemia, hubo grupos de personas que seguían generando ingresos. Una de las ineficiencias que reveló la pandemia fue que algunas empresas no podían sobrevivir sin operaciones físicas. Las directivas de los gobiernos estatales para reducir la propagación del virus llevaron al cierre de numerosas empresas. Esto significó que solo podían sobrevivir si tenían un espacio físico. Sin embargo, vivimos en un mundo en el que prácticamente todo se ha vuelto digital. Después del confinamiento, muchas empresas se adaptaron a esta exposición y buscaron formas de garantizar que sus negocios pudieran prosperar sin depender de una presencia física. Algunas personas, durante la pandemia, descubrieron formas de ganar dinero sin necesidad de ir a trabajar, lo que les permitió no tener que volver a sus empleos anteriores.

    No es nada nuevo que vivimos en una era digital, donde la mayoría de las actividades se realizan a través de medios digitales. La gente ahora compra y vende digitalmente, estudia digitalmente, y realiza prácticamente todas sus actividades en línea. Incluso ganar dinero se ha vuelto una actividad digital muy común. Esta es una forma segura de evitar el desempleo y obtener el financiamiento necesario para hacer frente a tus responsabilidades, incluyendo el pago de tus deudas. La mayoría de estos trabajos se pueden realizar desde la comodidad de tu hogar, lo que te permite ganar lo suficiente para satisfacer tus necesidades.

Uno de los trabajos más comunes en esta categoría es el marketing de afiliación, que implica vender productos o servicios en nombre de otros sin necesidad de tener un producto propio. Otra opción es el blogging o vlogging, donde las personas comparten sus experiencias o conocimientos sobre un tema en particular desde la comodidad de sus hogares. Además, muchas personas utilizan sus habilidades, como la creación y edición de videos, el diseño gráfico, la redacción, entre otros, para generar ingresos sustanciales. Lo interesante de estos trabajos, a excepción de aquellos que requieren habilidades específicas, es que no necesitas experiencia ni tienes limitaciones de edad. El trabajo se lleva a cabo en el mundo digital, por lo que no importa si puedes caminar eficientemente hasta un lugar de trabajo físico.

Estos trabajos han revolucionado la dinámica laboral tradicional de la oficina, pero las personas apasionadas por el trabajo de oficina aún pueden encontrar oportunidades en línea. El mundo digital se ha adoptado ampliamente con fines financieros, lo que también es una excelente noticia para ti, ya que puedes adoptarlo y encontrar tu área de especialización en la que te desenvolverás de manera efectiva. Al hacerlo, podrás resolver tus desafíos relacionados con las deudas y el desempleo de una vez por todas.

Hay algo importante que quiero que tengas en cuenta: tener un trabajo no garantiza que puedas pagar todas tus deudas. La clave está en disciplinarte a ti misma antes de poder lograrlo. Podrías plantearte el desafío de adquirir solo lo que necesitas hasta que hayas pagado tus deudas. Si no te disciplinas lo suficiente, es posible que descubras que, aunque tengas trabajo, aún acumulas deudas. Esto sucede a menudo cuando las personas no limitan sus compras a lo esencial y se permiten adquirir cosas que desean, incluso cuando hay necesidades apremiantes por cubrir.

Otro desafío y responsabilidad con los que muchos de nosotros no estábamos preparados es el cuidado de padres ancianos. Muchos Millennials se encuentran en la situación de cuidar a sus padres, e incluso algunos han tenido que mudarse de nuevo a la casa de sus padres para brindarles cuidados. El cuidado de los padres es una responsabilidad que no podemos eludir. Cuando alcances los cuarenta, es probable que tus padres tengan al menos sesenta años o más, y estarán llegando a una etapa en la que necesitarán asistencia. El ciclo de dependencia que existía cuando eras más joven se invertirá, y ahora serás tú quien cuide de ellos. Debes asumir esa responsabilidad como un hijo responsable. Dependiendo de las circunstancias, esta responsabilidad puede variar en su magnitud, pero debes equilibrar todas tus obligaciones de manera que ninguna quede desatendida. Si alguna vez te sientes abrumada, busca apoyo. Si no eres el único que debe asumir esta responsabilidad, no cargues con todo el peso; asegúrate de satisfacer tus propias necesidades para no descuidar tus responsabilidades personales mientras cuidas de tus padres.

Pero de todas las preocupaciones que enfrentan los Millennials, la salud mental es la más difícil.[16] Con todo lo que sucede a nuestro alrededor, y cuando cumplimos 40 años, es crucial asegurarnos de mantener nuestra salud mental y aprender a gestionar el estrés.

*

¿Por qué somos tan diferentes de la Generación X, la generación que nos precedió? Las estadísticas muestran que tres de cada diez miembros de la Generación X tienen una licenciatura, mientras que cuatro de cada diez Millennials tienen una licenciatura. Por lo tanto, en cuanto a educación, ambas generaciones son similares. Sin embargo, las estadísticas también muestran que, mientras los miembros de la Generación X son adaptables, a veces se piensa que los Millennials son más vagos y tienen menos interés en conservar sus trabajos.[17] Aun así, el cincuenta y uno

---

[16] Gretchen Frazee, "Millennials report more stress than older Americans during Pandemic." www.pbs.org, Last modified August 8, 2020, https://www.pbs.org/newshour/health/millennials-report-more-stress-than-older-americans-during-pandemic.

[17] The Council of Economic Advisers, "15 Economic Facts About Millennials," White House, Last updated October 2014,

por ciento de los Millennials poseen (o tienen la intención de poseer) un negocio, lo que demuestra que nosotros, los Millennials, no somos perezosos; simplemente queremos establecer nuestras propias reglas.[18]

*Los millennials, y las generaciones venideras,
están dando forma a la tecnología.
Esta generación ha crecido con
la informática en la palma de la mano.
Están más conectados social y globalmente
a través de dispositivos móviles de Internet que cualquier
generación anterior.
Y no cuestionan; simplemente aprenden.[19]*
—BRAD D. SMITH

Dadas todas las adversidades que enfrentamos como Millennials, nuestra única salida es sumergirnos en un mar de deudas, y eso significa hundirnos en las profundidades de las tarjetas de crédito. La deuda de tarjetas de crédito puede ser

---

https://obamawhitehouse.archives.gov/sites/default/files/docs/millennials_report.pdf.
[18] Melanie Hanson, "College Graduation Statistics," Last modified August 9, 2021 https://educationdata.org/number-of-college-graduates.
[19] Brad Smith, www.picturequotes.com, Access date November 29, 2021, http://www.picturequotes.com/millennials-and-the-generations-that-follow-are-shaping-technology-this-generation-has-grown-up-quote-1008269.

tanto nuestra salvación como nuestra perdición. Casi todo el mundo en Estados Unidos está atrapado en esta red de deudas. Inicialmente, nos endeudamos para perseguir una educación que nos consume al menos seis años de nuestras vidas, y luego dedicamos otros seis, a veces incluso más, para liberarnos de ese lastre. Las compañías de tarjetas de crédito nos seducen para que participemos en su peligroso juego de deudas, y nosotros, sin pensarlo demasiado, caemos en su trampa, hasta que alcanzamos el límite de nuestras tarjetas y nos resulta cada vez más difícil saldar nuestras cuentas.

Siempre he deseado que las instituciones educativas incorporaran una lección sobre el uso de tarjetas de crédito al mismo tiempo que aceptan pagos de matrícula. Esto debería ser un requisito universitario, similar a una clase de educación financiera en la escuela secundaria. Los estudiantes estarían mucho más preparados para enfrentar el estrés cotidiano de las finanzas y, una vez graduados, serían conscientes de lo que les depara y estarían listos para administrar su dinero. Como Nelson Mandela alguna vez afirmó: "La educación es la herramienta más poderosa que podemos emplear para cambiar el mundo".[20]

Salir de tus deudas lo más pronto posible es crucial; es una verdadera trampa. Afortunadamente, existen numerosas empresas de consolidación de deudas que pueden ayudarte a reunir todos tus compromisos financieros en un solo pago. Yo misma caí en la trampa de las tarjetas de crédito, y sé lo difícil

---

[20] Nelson Mandela, https://www.pinterest.com/pin/543668986245093192/.

que puede ser liberarse de esa telaraña. Si tan solo hubiera comprendido cómo funcionaba el sistema antes de involucrarme, jamás me habría adentrado en ese terreno resbaladizo. La educación es la clave para evitar estos errores. Hay una abundancia de libros, recursos y personas dispuestas a compartir sus experiencias y enseñarte cómo administrar tus finanzas. Sigue leyendo y aprendiendo.

Una regla de oro: si tienes una tarjeta de crédito, procura pagarla en su totalidad cada mes. Si no puedes pagar el saldo al final del mes, probablemente no deberías estar haciendo esa compra en primer lugar. En cuestiones financieras, la educación es invaluable. Durante mis lecturas, descubrí un secreto importante. Ganar un salario elevado no garantiza una gran riqueza. Aunque pueda parecer lógico, no es así. La verdadera diferencia radica en la gestión adecuada del dinero. Por eso, alguien con ingresos más modestos puede tener más riqueza que alguien que gana más. En una conversación casual, compartí mi preocupación por mil dólares, y mi interlocutor se rio, asegurando que, si tuviera diez mil dólares en ese momento, los problemas aumentarían. Me hizo reflexionar y comprendí que con más dinero vienen más responsabilidades. Siempre habrá necesidades financieras, pero la inteligencia financiera radica en discernir en qué invertir y en qué abstenerse.

Tuve la suerte de no acumular deudas durante mis años de estudiante, aunque eso significó trabajar a tiempo completo y dedicar una década a obtener mi licenciatura. Al mirar hacia atrás, me doy cuenta de que no lo habría hecho de otra manera, ya que en aquel momento no podía decidir con certeza cuál sería mi camino después de graduarme. Así que cuando finalmente obtuve mi título, tenía la valiosa experiencia del mundo laboral a mis espaldas.

Recuerdo claramente mi primer empleo en Sears. Desde el principio, me propuse destacar en lo que hacía y avanzar en la empresa. Siempre fue mi firme deseo triunfar en la vida; ¡tenía metas claras! Trabajé incansablemente para llegar al punto en el que me encuentro hoy y para adquirir los conocimientos que poseo. Todos debemos seguir creciendo después de nuestra etapa universitaria y, sin importar las dificultades que se nos crucen en el camino, perseverar en nuestros sueños.

Mientras escribo estas líneas, nos encontramos en medio de la pandemia de COVID-19, una época verdaderamente desafiante. La tasa de desempleo ha alcanzado niveles no vistos desde la Gran Depresión, y muchos negocios han tenido que cerrar sus puertas. Aunque algunos gobiernos han brindado apoyo a quienes lo necesitan, la gente se enfrenta a diversas realidades. Por un lado, algunos han perdido sus empleos, y, al reabrirse las oportunidades, algunas empresas no encuentran trabajadores disponibles. Las prestaciones por desempleo han brindado seguridad financiera a algunas personas, pero, en lugar de regresar al trabajo, algunas prefieren quedarse en casa sin hacer nada,[21] una decisión que personalmente no comprendo, ya que nunca he entendido cómo alguien puede permitirse la inactividad. Sin embargo, en medio de la adversidad, ha surgido una luz de esperanza. Algunas personas que perdieron sus trabajos debido a la pandemia han decidido emprender sus propios negocios, una respuesta inesperada de la situación. Es cierto que aventurarse en un negocio propio es una opción viable, pero es fundamental garantizar que existan perspectivas sólidas de éxito en este nuevo camino.

La inseguridad que afecta a los Millennials proviene de la intensa competencia que experimentamos, no solo entre nuestra propia generación, sino también en comparación con los Baby Boomers y la Generación Z. No obstante, debemos recordar que no se trata de competir con otros, sino de prepararnos y enfrentar nuestras propias inseguridades y cualquier obstáculo que pueda desanimarnos. La verdadera competencia debe tener lugar en nuestro interior, lo que nos permitirá sentir menos presión en comparación con la competencia externa, que puede resultar agotadora.

Nuestra atención debe centrarse en la preparación, el compromiso y el inicio de un ahorro financiero, elementos clave para alcanzar el sueño americano que se nos prometió: una familia sólida, una carrera exitosa y una casa perfecta. Si bien

---

[21] Marla Tabaka, "Some see Millennials as lazy and entitled," www.inc.com, Last modified September 7, 2018, https://www.inc.com/marla-tabaka/some-see-millennials-as-lazy-entitled-yet-they-may-be-most-successful-generation-of-our-time.html.

siempre ha implicado un esfuerzo considerable, en la actualidad, se ha vuelto aún más desafiante. Por ejemplo, si deseas adquirir una nueva vivienda, es fundamental tomar la iniciativa y luchar por ella. Pero recuerda que no se trata solo de trabajar duro; también es esencial trabajar de manera inteligente.

El mercado inmobiliario puede resultar sumamente competitivo, especialmente en estados como California, Nueva York o Florida. Por lo tanto, la idea de convertirse en propietario de una casa a los 40 años podría parecer inalcanzable. Si estás considerando comprar una vivienda para ti y tu familia en este momento, no subestimes el valor de esta decisión. De hecho, puedes considerarte afortunado, ya que según un informe de Globest.com, los Millennials presentan las tasas de propiedad de vivienda más bajas en comparación con cualquier otra generación. [22]

Entonces, si deseas trabajar de manera más inteligente, la inversión en bienes raíces se perfila como la opción más sólida. Numerosos multimillonarios han enfatizado que esta es la ruta a seguir: invertir en bienes raíces. Si bien la asequibilidad representa un importante obstáculo para mejorar la propiedad de vivienda de los Millennials, obtener el pago inicial figura como uno de los desafíos principales.[23] No obstante, con

---

[22] Kelsi Maree Borland, "After 2020, More Millennials Doubt Homeownership," www.globest.com, Last updated February 11, 2021.
http://www.globest.com/2021/02/11/after-2020-more-millennials-doubt-homeownership/?slreturn=20211030180758.
[23] www.globest.com.

esfuerzo y sabiduría, todo es posible. Podemos alcanzar nuestros sueños y lograr la independencia, incluso considerando la compra de una casa, o incluso dos. Lo esencial es aprender cómo hacerlo y nunca dejar de adquirir nuevos conocimientos.

¿Qué puedes aprender de este capítulo?

Comienza a ahorrar, incluso si es tan solo un dólar al día. Enfrenta tus deudas, ya sea liquidándolas, consolidándolas o resolviéndolas de manera efectiva. Practica la prudencia al comprar, no te dejes llevar por tus deseos impulsivos y evita compararte con los demás. Si no puedes pagar tu tarjeta de crédito al final del mes, eso significa que no puedes permitirte el lujo de gastar. En lugar de ello, sumérgete en libros sobre gestión financiera o mira vídeos informativos en plataformas como YouTube. La educación es la clave, empodérate a través del conocimiento.

Descubre cuál es el plan financiero que mejor se adapta a tus necesidades y busca la orientación de expertos en la materia. Encuentra asesores financieros en Google o en las redes sociales, ya que muchos de ellos ofrecen valiosos consejos de forma gratuita. Recuerda que nunca debes dejar de crecer como individuo, la educación continua es fundamental para tu desarrollo. Sigue aprendiendo y fortaleciendo tus habilidades financieras.

Notas del diario

_____

_____

_____

_____

_____

Pregúntese...

1. ¿Tienes deudas? ¿Qué puedes hacer para deshacerte de estas?

   _____
   _____
   _____

2. ¿Ahorras?

   _____
   _____
   _____

3. ¿Has abordado y resuelto todos tus problemas potenciales?

   _____
   _____
   _____

4. ¿Continúas aprendiendo y creciendo como individuo?

   _____
   _____
   _____

CAPÍTULO 11

MANTENERSE AL DÍA CON LA TENDENCIA

¿Por qué tantas personas se esfuerzan por seguir las tendencias a la moda? La respuesta a esta pregunta no es tan sencilla como parece, ya que existen diversas razones que nos impulsan a mantenernos al día con lo que está en boga. ¿Será para evitar sentirnos desfasados? ¿O será simplemente porque disfrutamos estar a la moda?

Una "tendencia" se refiere a lo que está de moda o popular en un momento específico. Podemos definirla como algo que se dirige en una dirección particular o que se manifiesta de una cierta manera. Las tendencias son visibles en la moda, la cultura popular, el entretenimiento y las normas sociales. Las tendencias están intrincadamente relacionadas con la sociedad. Es la sociedad misma la que da origen a estas tendencias, y además, estas pueden variar de una sociedad a otra. Lo que se considera una tendencia en una sociedad podría no serlo en otra. Las tendencias están ligadas a la noción de aceptación social. Aquellas personas que crean tendencias buscan influencia y reconocimiento. Tomemos, por ejemplo, la industria musical, donde los artistas trabajan arduamente en la promoción de sus canciones para que se vuelvan tendencia. Cuando una canción se convierte en un éxito, esto significa que ha sido adoptada ampliamente, lo que aumenta sus ingresos. La promoción se lleva a cabo a través de diversos canales, pero al final, son las personas las que desempeñan un papel crucial en convertirla en tendencia. Una canción no puede ser considerada tendencia si no es conocida ni tarareada por la gente.

Ahora, echemos un vistazo a las tendencias en la moda. Cuando los diseñadores de moda crean sus diseños, también se encargan de promocionarlos a través de diversos medios, siendo los modelos uno de los más comunes. Es a través de estos modelos y otros canales que tratamos de emular estas tendencias. En esencia, las tendencias están diseñadas para que la gente las imite, mientras que los creadores de tendencias obtienen sus propios beneficios. La mayoría de las veces, estos beneficios son de naturaleza económica, además de la fama asociada con ser quien marca la pauta. Esta es la perspectiva de aquellos que crean las tendencias. Para aquellos que siguen las tendencias, quiero subrayar que no hay nada intrínsecamente negativo en hacerlo. La mayoría de las veces, lo hacen para sentirse en sintonía con los demás, para encajar y experimentar un sentido de pertenencia.

Estaba explorando las redes sociales cuando me topé con una entrevista a un hombre que explicaba por qué la gente tiende a optar por artículos materiales costosos, como bolsos Birkin o zapatos Jordan. Según él, la razón radica en el deseo de pertenecer a un grupo en particular. Cuando las personas no se sienten parte de un grupo, adoptan las conductas y preferencias del grupo deseado como una forma de sentirse integradas. Así, por ejemplo, un joven puede ahorrar para comprar unas zapatillas Jordan no porque las necesite, sino porque ha evaluado un grupo social al que aspira pertenecer, y esas zapatillas le harán sentirse como uno de ellos. Esto también explica por qué alguien puede preferir un automóvil Ford, pero elige un Benz, no porque realmente le guste más, sino porque desea destacar o ser parte de un grupo en particular dominado por propietarios de vehículos Mercedes-Benz.

Las tendencias en las redes sociales son otro fenómeno interesante. A menudo no involucran bienes materiales, sino que se reflejan en la imitación de acciones o canciones que otras personas han realizado, y luego compartir esas acciones o actuaciones. Actualmente, la plataforma de redes sociales que lidera en cuanto a tendencias es TikTok. La gente crea videos utilizando la misma música o replicando acciones populares. Como alguien que ha observado de cerca cómo funciona TikTok, puedo afirmar que no es un proceso sencillo. Implica grabar, editar y finalmente cargar el video, asegurándose de que todo esté bien organizado y de alta calidad para la audiencia. Si no se realiza con cuidado, se pierde el propósito del video: atraer seguidores y ganar popularidad. En esencia, TikTok se convierte en una competencia por la relevancia social, que es el núcleo de las tendencias. La gente lucha por ser socialmente relevante a través de acciones y contenido en tendencia.

Crear un video perfecto para compartir en TikTok demanda paciencia y dedicación. Es necesario recortar todas las partes superfluas, incluyendo sombras, iluminación, y otros detalles, para que el resultado sea atractivo. Puedes notar que este proceso se asemeja al trabajo remunerado. Aunque solo unas pocas personas, en comparación con la mayoría, realmente ganan dinero con sus videos en la plataforma. Esto ocurre una vez que han alcanzado un alto nivel de relevancia social, acumulan una audiencia considerable y las marcas o negocios les pagan para influenciar a sus seguidores. A pesar de estas oportunidades de ganancias, la plataforma en su esencia está diseñada principalmente para la diversión y la interacción social.

Existen dos características destacadas en el mundo de las tendencias. En primer lugar, como mencioné anteriormente, las tendencias son, en esencia, una batalla por la relevancia social. La mayoría de las personas que siguen las tendencias lo hacen con el objetivo de sentirse aceptadas o reconocidas en la sociedad en la que se desarrolla la tendencia. En segundo lugar, las tendencias no son estáticas. Una tendencia puede volver en el futuro, como es el caso de los jeans palazzo, pero no perdura eternamente. Las tendencias tienen un período de vigencia, y una vez que ese tiempo ha pasado, la tendencia cede su lugar a algo más nuevo. Para los creadores de tendencias, esto se convierte en una competición constante. Cuando sus tendencias son reemplazadas, buscan desarrollar nuevas o mejorar las anteriores para mantenerse al día y atraer a la audiencia. Sus competidores también idearán sus propias tendencias, que eventualmente desplazarán a las previas. El ciclo continúa de esta manera. Para las personas que siguen las tendencias, esto puede asemejarse a la imagen de un rebaño de ovejas guiado por un pastor. No siempre saben hacia dónde los lleva la corriente. Es el pastor quien marca el rumbo, y a medida que pasa el tiempo, los pastores se suceden unos a otros, llevando al rebaño en diferentes direcciones. Esta imagen ejemplifica el mundo de las tendencias y cómo las personas se ven influenciadas por ellas.

¿Cómo podemos mantenernos al tanto de las cambiantes tendencias? Es una tarea que a menudo se torna desafiante, especialmente para alguien como yo que equilibra una familia y un trabajo y que también valora el tiempo para sí misma. Seguir el ritmo de las tendencias implica estar activo en cuatro plataformas de redes sociales (Facebook, Instagram, Twitter y TikTok) constantemente, incluso cada hora. ¿Cómo puede alguien con una agenda apretada lograr eso? A menos que estés dispuesto a sacrificar algo (o seas una persona solitaria con un trabajo que permite estar en las redes sociales durante el horario laboral), puede resultar prácticamente imposible. Incluso estar al tanto de las noticias hoy en día significa mantenerse conectado a través de las redes sociales. Luego están los blogs y los correos electrónicos de blogueros, las empresas que inundan nuestras bandejas de entrada con actualizaciones diarias, ideas y pensamientos, así como las revistas en línea y los anuncios de productos en las tiendas. La lista de tareas para mantenerse al día es interminable. La realidad es que, a medida que envejecemos, debemos ser más selectivos y conscientes de en qué invertimos nuestro valioso tiempo.

Desde mi perspectiva personal, considero que las tendencias suelen ser una preocupación más común entre los más jóvenes. No quiero decir que los adultos no puedan seguir tendencias o usar prendas de moda si así lo desean. Lo que quiero destacar es que la obsesión por estar siempre a la moda a menudo se asocia con la juventud. Seguir las tendencias implica estar en constante movimiento y adoptar lo que se etiqueta como "tendencia". Solo los más jóvenes tienen la flexibilidad y el tiempo para pasar horas frente al espejo o creando videos de TikTok sin restricciones. También son los jóvenes quienes a menudo se preocupan más por lo que la sociedad opina acerca de su imagen moderna. Para los adultos, estas preocupaciones pueden ser secundarias o incluso inexistentes, eclipsadas por otras responsabilidades y prioridades. Personalmente, encuentro poco realista mantenerse al tanto de todas las tendencias. En cambio, me hago la pregunta: "¿Realmente deseo seguir el rebaño?" No tengo problema con hacer algunos cambios aquí y allá, pero subirme al carro de las modas pasajeras, desde blusas cortas hasta los jeans de talle bajo y los interminables videos de TikTok, simplemente no se ajusta a mi vida. Me siento demasiado mayor para imitar videos de

TikTok. Por supuesto, podría hacerlo si quisiera, pero mi enfoque en la vida se centra en la calidad de vida, mi familia y aquello que me brinda felicidad. La vida es efímera, y supongo que, para algunas personas, la "vida" se vive en las redes sociales y en TikTok, mientras que, para otras, reside en el verdadero significado de la existencia.

Seguro que todos hemos notado cómo, cuando alguien crea un nuevo video en TikTok, de repente surgen numerosos videos imitadores. ¿Por qué la gente invierte su tiempo en copiar? Personalmente, apoyo completamente a aquellos con talento que comparten sus videos en TikTok, ya sea bailando, cantando o exhibiendo su arte. Al parecer, la Generación X está enfocada en lanzar tendencias en forma de videos en TikTok, convertirse en bloggers y descubrir la próxima gran aplicación del mercado. Cuando éramos jóvenes, los Millennials estábamos más centrados en nuestras carreras, nuestra educación y en independizarnos de la casa de nuestros padres. Nuestra forma de pensar como Millennials difiere de otras generaciones. Nosotros fuimos los pioneros de muchas tendencias cuando teníamos veinte años.

> *Las grandes cosas no las logran quienes se rinden a las tendencias y modas pasajeras y a la opinión popular.*[24]
> —JACK KEROUAC

¿Quiénes son los responsables de marcar las tendencias en la actualidad? ¿Los bloggers? ¿Las marcas? Solía ser que solo aquellos con recursos económicos y poder, o grupos demográficos con una gran cantidad de personas afines, podían iniciar una tendencia. Sin embargo, hoy en día, cualquiera puede dar inicio a una tendencia. Todo lo que se necesita es una computadora y experiencia en redes sociales. Ser un creador de tendencias implica mantenerse constantemente actualizado sobre lo que está ocurriendo en el mundo. ¡Ser blogger es un trabajo a tiempo completo!

Entonces, una vez más, lo importante es hacer lo que te haga feliz. Si la creación de contenido en redes sociales te brinda satisfacción, adéntrate en este mundo, pero reflexiona sobre las razones que te impulsan. ¿Es fundamental para ti acumular seguidores (sin importar la razón) o buscas la fama en las redes sociales simplemente porque todos los demás lo hacen? ¿O estás

---

[24] Jack Kerouac, wwwbrainyquotes.com, Access date November 29, 2021, https://www.brainyquote.com/photos_tr/en/j/jackkerouac/119789/jackkerouac1.jpg.

buscando comodidad? Si es así, ¿qué tipo de consuelo buscas en las redes sociales? Comprender tus motivaciones te facilitará alcanzar tus objetivos. Por ejemplo, si estás tratando de ganar dinero a través de Instagram, debes dedicar más que unas pocas horas al día, ya que la creación y publicación de contenido requieren tiempo y esfuerzo. Obtener un gran número de seguidores en Instagram, Facebook o TikTok demanda una inversión considerable de tiempo y trabajo constante. Sin embargo, si tu objetivo es marcar tendencias en un entorno en constante evolución, ¡es completamente factible!

Hablemos de tendencias. No es solo en las redes sociales donde las cosas están cambiando. En la moda, por ejemplo, las cosas están evolucionando a un ritmo que la mayoría de la gente no puede seguir. El año pasado, los jeans ajustados eran lo último, pero hace unos meses, la nueva tendencia eran los jeans holgados de pierna ancha. Comprendo que, durante los cierres por la pandemia de COVID-19, algunas personas ganaron peso (o un poco más de lo habitual), por lo que los jeans holgados pueden ser una elección perfecta para ellos. Sin embargo, yo no me sumo a la moda de los vaqueros holgados. Y no estoy sola en esta decisión. Realicé una pequeña investigación en línea (como suelo hacer) y, como suele ocurrir con todas las tendencias, encontré una diversidad de opiniones. Algunas personas no tienen problema en adaptarse a las tendencias cambiantes, pero en mi caso, no renunciaré a mis jeans ajustados. ¿Por qué? En primer lugar, me encanta cómo me quedan. He trabajado duro para lograr ese aspecto. En segundo lugar, tengo varios pares hermosos y no los abandonaré ni los guardaré en el fondo del armario hasta que vuelva la tendencia. En tercer lugar, personalmente, no encuentro atractivos los jeans holgados. Prefiero usar ropa que me siente bien y sea de buena calidad. Nada hace que una mujer se sienta más cómoda que llevar un atuendo bien confeccionado. Y parece que otros comparten mi opinión, ya que también se mantienen firmes en la elección de sus jeans ajustados.

Y esto es lo que quiero transmitir. ¿Debemos seguir todas las tendencias de moda que nos presenta la sociedad? Si de repente todo el mundo se afeitara las cejas, ¿lo harías tú? ¡No, gracias! En un mundo repleto de opciones, lo esencial es evaluar cada nueva tendencia antes de "subirse al carro". ¿Se ajusta a tu propósito, a tu estilo de vida y a tus necesidades? Asegúrate de anteponer tu propia identidad antes que las opiniones de los creadores de tendencias y sus seguidores. No permitas que otros influyan en tus decisiones ni en lo que deseas hacer. Como Millennial que ha vivido en este planeta durante casi 40 años, sabes quién eres, lo que quieres y lo que necesitas. Confía en ti mismo y sigue adelante.

En nuestros cuarenta años, hemos atravesado muchas experiencias. Celebramos con entusiasmo la llegada del año 2000, cuando se anticipaban fallos masivos en los sistemas informáticos. Luego, el 21 de diciembre de 2012, fuimos testigos de cómo las predicciones sobre el "fin del mundo" en el calendario maya resultaron ser falsas. Hemos vivido los traumáticos acontecimientos del 11 de septiembre, las amenazas de ántrax, diversos huracanes, los mandatos presidenciales de George W. Bush, Barack Obama y Donald Trump, la histórica decisión de la Corte Suprema sobre el matrimonio igualitario, el cierre del gobierno, la pandemia de COVID-19, la aparición de Bitcoin y mucho más. Todo esto ha ocurrido en las últimas dos décadas. Comprendemos plenamente el impacto de estos eventos y tenemos la madurez para recordarlos vívidamente. ¿Y tú? ¿Qué has aprendido a lo largo de este tiempo sobre ti misma, tu identidad como individuo, tus relaciones con los demás y tu propio valor?

Es importante destacar que las tendencias no se crean con el propósito de fomentar la felicidad individual o el crecimiento personal. Aunque algunos entrenadores de desarrollo personal intentan influir en las personas a través de la creación de tendencias, este enfoque todavía no prevalece en el mundo de las tendencias. La mayoría de las tendencias son efímeras y carecen de un propósito real. No obstante, no estoy en contra de las tendencias de ninguna manera. Puedes elegir seguir cualquier tendencia que desees, pero en cada momento debes cuestionarte si realmente es lo que deseas. Las personas que siguen las tendencias más influyentes a menudo lo hacen en busca de aprobación social y no necesariamente para su satisfacción personal. Si consideras que una tendencia te aporta felicidad y valor, entonces síguela. Recuerda que tu propia felicidad es una consideración esencial. No obstante, si una tendencia no contribuye positivamente a tu vida, no dudes en dejarla atrás. Las tendencias no son una obligación, aunque a veces la sociedad las presente como indispensables. No caigas en esa trampa, porque sé que eres consciente de ello.

Sé que la atracción hacia las tendencias puede ser abrumadora. A menudo, resultan tan interesantes e irresistibles que muchas personas se sienten atraídas a participar en ellas, incluso si sus recursos financieros no son suficientes. Sin embargo, es fundamental recordar que no debes sacrificar aspectos importantes de tu vida por seguir las tendencias, ya sea tu dinero o tu tiempo. Estas son recursos valiosos que deben destinarse a cuestiones más significativas. A pesar de que las tendencias pueden brindar momentos de placer, su naturaleza es efímera. Invertir demasiado en una tendencia que en última instancia será reemplazada por otra puede dejarte desactualizado. Es por eso que se recomienda no invertir en exceso en las tendencias, ya que su vigencia es limitada. Si una tendencia realmente te hace feliz, no dudes en seguirla, como mencioné anteriormente. No todas las tendencias son fútiles, pero es crucial recordar, especialmente a los cuarenta años, que no todas las tendencias son adecuadas para ti. A esta edad, tu enfoque no debe ser la lucha por la relevancia social, ya que sabes que esas cosas no te brindarán verdadera felicidad. En su lugar, puedes crear tus propias tendencias personales y disfrutar haciendo algo que sea significativo para ti, sin sentirte atrapada en la búsqueda constante de relevancia social. Los cuarenta no son el momento para probar cada novedad que se presenta; en cambio, es la oportunidad de enfocarte en lo que te hace feliz y sentirte completo.

¿Qué puedo sacar de este capítulo?

No seguir una tendencia si no me conviene. Para y piensa. ¿A dónde debería ir tu tiempo? Reevaluar. ¿Lo que importa? ¿Que no?

Notas del diario

Pregúntese...

1. ¿Pierdes tu tiempo en las redes sociales? ¿Has considerado la posibilidad de canalizar ese tiempo de manera más productiva para ti?

   _____
   _____
   _____
   _____
   _____
   _____
   _____
   _____

2. ¿Sigues las tendencias? ¿Si es así por qué? Si no, ¿por qué?

   _____
   _____
   _____
   _____
   _____
   _____
   _____
   _____

CAPÍTULO 12

OH, ESE SENTIMIENTO DE CULPA

Existen numerosas razones por las cuales experimentamos sentimientos de culpa. Tal vez nos inunda el pesar de no dedicar suficiente tiempo a la familia, o de pasar demasiado tiempo con la familia en detrimento de nuestros amigos. O quizás nos aborda la sensación de que deberíamos dedicar más tiempo al trabajo y menos a la familia. Por un lado, esta culpa nos embarga, y por el otro, permitimos que los demás también influyan en este sentimiento.

Si, en lo personal, te encuentras atrapada en una relación de culpa con los demás, es esencial que lo examines con detenimiento. La culpa personal, desde mi punto de vista, puede tener una connotación positiva. Es tu propia conciencia la que te lleva a experimentar esta emoción, y tal vez tenga razón en ciertos aspectos. Sin embargo, si te hacen sentir culpable, la responsabilidad recae en otros, y en la mayoría de los casos, no debería afectarte en exceso.

Las heridas emocionales son intensas, ya que tienen la capacidad de desequilibrar la estabilidad mental de una persona. Sentirse culpable es una de las formas en que alguien puede herir emocionalmente a otro. Cuando alguien te hace sentir culpable, su intención puede ser llevarte a un estado de vulnerabilidad. Y cuando te vuelves vulnerable, existe una alta probabilidad de que cedas ante la voluntad de esa persona. La culpa es un recurso que utilizan las personas para alcanzar sus propios objetivos, y caer en esa trampa es peligroso. De hecho, podría considerarse un viaje manipulativo. Cuando las personas no pueden persuadirte o conseguir lo que desean de ti de manera directa, recurren a tácticas emocionales astutas. Una de esas tácticas consiste en abordarte emocionalmente, haciéndote creer que eres el culpable. Si no eres consciente de esta artimaña, puedes ser una víctima fácil. Innumerables personas han caído en esta trampa debido a su sutileza y habilidad para tratar a los demás.

El diccionario Merriam-Webster define el "viaje de culpa" como la manipulación del comportamiento de alguien haciéndole sentir culpable o haciendo que parezca haber cometido una infracción de conducta, especialmente al violar una ley que conlleva una sanción.[25] Casi a diario, experimentamos sentimientos de culpa, ya sea por parte de extraños, nuestros jefes, colegas de trabajo, hijos o familiares.

---

[25] https://www.merriam-webster.com/dictionary/guilt-trip.

¿Cuál es la razón detrás de esto? Amigos y familiares a menudo intentan inducirnos a sentir culpa por no hacer algo por ellos, mientras que otros nos hacen sentir culpables por esforzarnos en ser quienes deseamos ser. A los 40 años, nadie en nuestra vida debería dictarnos cuándo y por qué debemos hacer algo. Aunque, en general, el sentimiento de culpa suele tener connotaciones negativas, considero que no debería ser analizado exclusivamente desde esa perspectiva.

Existen únicamente dos razones por las que las personas hacen que otros se sientan culpables. En primer lugar, lo hacen de forma intencionada, con la intención de causarte malestar. En segundo lugar, lo hacen sin darse cuenta del impacto que sus palabras tienen en ti. Además, lo que te acusan puede tener alguna base en la realidad o ser completamente falso. Cualquiera que sea la naturaleza o el motivo detrás de este sentimiento de culpa, nunca debes permitirte ser una víctima.

Como mencioné anteriormente en este capítulo, la naturaleza seguirá su curso a través de las personas que conoces, lo que significa que tu vida estará sujeta al escrutinio de quienes te rodean. Algunas personas optarán por guardar sus observaciones o comentarios sobre tu vida, pero otras no podrán contenerse y te dirán cómo sienten que no estás cumpliendo con sus expectativas en tu vida o cómo otros en tu misma franja de edad parecen estar haciendo mejor que tú. Al hacerlo, proyectan su culpa en ti y tergiversan la situación. Si fueras víctima, te dejarías llevar por sus palabras, lo que solo te llevaría a actuar según sus opiniones, sin comprender realmente cómo debes proceder.

Tomemos el ejemplo de una mujer soltera de treinta y cinco años. En esta situación, ella puede experimentar sentimientos de culpa debido a su estado civil. La gente puede culparla por estar soltera y hacer una serie de acusaciones, como ser demasiado ambiciosa o quisquillosa. Lo que quizás no vean es el dolor que vivió en su infancia debido a un matrimonio fallido de sus padres. La sociedad espera que las mujeres se casen a cierta edad, y esta presión puede hacer que se sienta culpable y tome decisiones apresuradas. Sin embargo, al hacerlo, olvida por completo las razones originales detrás de sus elecciones. Termina cediendo ante las acusaciones y se casa con un hombre, solo para descubrir que el matrimonio no le brinda la felicidad deseada. Tras un año de lucha, el matrimonio llega a su fin.

A los 40 años, la mayoría de nosotros esperamos tener hijos. Sin embargo, si no lo hemos hecho, la sociedad a menudo nos hace sentir culpables por no cumplir con la expectativa de formar una familia a esa edad. Las presiones son contradictorias: la familia nos insta a tener hijos que cuidarán de nosotros en la vejez, pero al mismo tiempo nos critican diciendo que estamos envejeciendo y que es egoísta centrarnos en nosotros mismos. Pero como mencioné, cada vez más mujeres se enfocan en sus carreras y en descubrirse a sí mismas antes de considerar la maternidad a los 40 años. Los "¿dónde están tus hijos?" viajes de culpa son una realidad palpable. [26] Un efecto significativo de estos viajes de culpa es su impacto en la felicidad de la persona en cuestión. Pueden perturbar tu estado de ánimo sobre el tema, haciendo que te cuestiones si has tomado las decisiones correctas a lo largo de tu vida.

Existen otros tipos de viajes de culpa. Imagina que, a los 40 años, Dios no lo permita, te enfrentas a un divorcio. En ese caso, puedes sentirte culpable por no haber logrado que tu matrimonio funcionara. ¿Cuál es la solución para lidiar con estos sentimientos de culpa? La clave radica en no sentirte culpable por hacer lo que deseas y necesitas. En primer lugar, debes velar por tu propia vida, ya que tú eres la protagonista de tu propia historia. Cuando te enfrentes a la culpabilidad o a acusaciones, te sugiero que tomes un enfoque más reflexivo. No las descartes de inmediato, ya que algunas personas no tienen la intención de herirte cuando te hacen sentir culpable; simplemente expresan lo que les preocupa en su mente.

El motivo por el que sigo subrayando este punto es que, a pesar de la falta de intención de dañarte, las acusaciones a veces pueden contener una pizca de verdad. Por ejemplo, como mujer de cuarenta años, te has dedicado con pasión a tu carrera, la cual te brinda satisfacción y un buen salario. Además de ocuparte de las facturas familiares, también has desempeñado un papel activo en la vida de tu esposo e hijos, brindándoles atenciones

---

[26] Jessy Wrigley, "Why do I feel guilty for no reason?," www.myonlinetherapy.com, Last updated March 6, 2020, http://myonlinetherapy.com/why-do-i-feel-guilty-for-no-reason.

especiales como regalos sorpresa, salidas juntos y compras de cosas que les encantan. Sin embargo, últimamente, tus hijos te han señalado que no pasas suficiente tiempo con ellos y que tu trabajo te preocupa en exceso. Este rumor ha estado circulando hasta que llegó el día en que tomaron en serio sus afirmaciones.

En el pasado, habías ignorado sus comentarios como una demanda excesiva de atención, evitando caer en la trampa de un viaje de culpa. Sin embargo, al considerar la situación que he planteado, es innegable que hay cierta verdad en las afirmaciones de los niños. No ha logrado encontrar un equilibrio adecuado entre su trabajo y su dedicación a su familia. Especialmente sus hijos necesitan más atención de su parte, y parece que no la están recibiendo. Ha sustituido la atención que debería brindarles por regalos y salidas que les ha proporcionado. Si no hubiera apresurado en desestimar sus preocupaciones y hubiera tomado en serio sus reclamos, habría notado que lo que sus hijos realmente necesitaban era más tiempo de ella.

Aunque no se le puede culpar completamente, ya que está siguiendo su pasión y cuidando de su familia de la mejor manera que puede, debe comprender que cuando se tienen hijos, el tiempo disponible para otras actividades disminuye. La dinámica cambia, y sus hijos requerirán más de su tiempo. Quizás no pueda brindarles toda la atención que desean, pero es importante reconocer que a veces, simplemente estar ahí es suficiente.

En el caso de las acusaciones que la gente formula en su contra, es prudente no actuar precipitadamente. Si alguien sugiere que hay áreas en las que podría estar fallando, tómese el tiempo necesario para evaluar si tales afirmaciones son verdaderas o falsas antes de tomar medidas. Si son falsas, descártelas como si fueran la cosa más insignificante. Sin embargo, si descubre que hay algo de verdad en esas afirmaciones, considérelas como una oportunidad para hacer lo correcto. A veces, la verdad se esconde en las palabras de las personas, ya que es posible que esté tan inmersa en su propia vida que haya pasado por alto ciertos aspectos. Cuando enfrentes acusaciones, no te apresures a reaccionar. Tómate un tiempo para reflexionar antes de tomar una decisión.

Hazte feliz en primer lugar. He descubierto que cuando soy feliz, todos a mi alrededor también lo son. Por ejemplo, solía sentirme culpable por tomarme un día libre. Experimentaba esa culpa por dejar la oficina temprano para descansar un poco, especialmente después de haber pasado una noche interrumpida cuidando a mi pequeña hija. También me sentía culpable por tomarme un tiempo para recibir un masaje, arreglar mi cabello o hacerme las uñas. Si eres madre, sabes a lo que me refiero: la culpa de mamá es la más desafiante. Nuestros pequeños, sin duda, saben cómo apelar a nuestro sentimiento de culpa y cómo hacernos sentir que deberíamos estar en casa con ellos, cocinando y ocupándonos de sus necesidades en lugar de atendernos a nosotras mismas.

Pero déjame decirte, es completamente NORMAL desear un breve descanso de la rutina diaria o disfrutar de un tiempo para desconectar de la realidad y divertirse con amigos. Sin embargo, ¿qué sucede cuando lo hacemos? A menudo nos asalta la culpa porque alguien más está a cargo de cuidar a nuestros hijos mientras nosotros nos relajamos. Puede ser el padre, los abuelos o incluso una niñera. Esto está bien. Ellos aman a tus hijos y los cuidarán adecuadamente. Así que, sé feliz. Diviértete y comprende que tanto tú como tus hijos necesitan esas pausas de vez en cuando. La maternidad implica enfrentar numerosos desafíos, desde el embarazo hasta la crianza de los hijos. Después de un par de años dedicados a la crianza, a menudo nos perdemos a nosotras mismas.

He tenido conversaciones con muchas madres que comparten el sentimiento de que eran personas diferentes antes de tener hijos. Sus prioridades eran distintas y sienten que, con todas las responsabilidades de la maternidad, han dejado de tener tiempo para sí mismas, sus intereses, pasatiempos y distracciones. A veces, creemos que, una vez que somos madres, la vida debe cambiar de una cierta manera, pero es fundamental recordar quiénes somos como mujeres antes de cualquier otra cosa.

No te sientas culpable por hacer… lo que es mejor para ti…[27]
— HOYUELO KAMBLI

Al final del día, somos seres humanos. Nos agotamos, necesitamos distracciones, espacio y un cambio de ritmo. Supongamos que tienes la suerte de contar con alguien en quien confías para ayudar con los niños y cuidar de ellos. Aprovecha esa ayuda cuando puedas. No hay nada de malo en permitir que alguien más se encargue de tus hijos una o dos veces a la semana o cada quince días. Después de todo, damos tanto de nosotros por ellos, invertimos nuestro tiempo y energía en su bienestar. ¡Merecemos un merecido descanso! Así que sal con tus amigos, ve al cine en compañía o incluso a solas, o ten una cita nocturna con tu pareja. No te sientas culpable. ¡Sé feliz!

Entonces, ¿cómo puedes evitar caer en los viajes de culpa de otras personas?[28] En primer lugar, establece tus propios deseos y necesidades en la vida como prioridad absoluta. Si no sabes lo que quieres, las opiniones y sugerencias de las personas te

---

[27] Dimple Kambli, www.yourquote.com, Access date November 26, 2021, http://www.yourquote.in/dimple-kambli-dxf4/quotes/don-t-feel-guilty-for-doing-what-s-best-you-bcdv7.
[28] Julie de Azevedo Hanks, "5 ways to stop guilt trips and start being assertive," www.newharbinger.com (blog), Last updates February 20, 2017, https://www.newharbinger.com/blog/self-help/5-ways-to-stop-guilt-trips-and-start-being-assertive/.

llevarán a la deriva, ya que nunca dejarán de ofrecerlas. Te sorprendería saber cuántas personas todavía están confundidas acerca de lo que deberían hacer o lo que realmente quieren hacer. Con todas las influencias que existen, es fácil perderse. En lo más profundo de tu corazón, debes saber lo que anhelas; después de todo, casi cuarenta años en este planeta han forjado tus preferencias. Es el momento de reevaluar tus prioridades y recordar quién eres y lo que necesitas. Aquí te muestro cómo hacerlo:

- Expresa tus deseos y toma decisiones que te lleven hacia lo que deseas.
- Cultiva tus relaciones, reduciendo tus expectativas. Concéntrate en las relaciones que te brindan felicidad y alegría, dejando ir aquellas que te agotan.
- Asume la responsabilidad de tus propios sentimientos. Explora tus emociones, reconociéndolas y comprendiendo por qué sientes de cierta manera. Analiza por qué reaccionaste de una manera específica y luego trabaja en cambiar esos sentimientos.

No permitas que nada te impida disfrutar tus 40 años. Nadie, absolutamente nadie, debería hacerte sentir mal por las decisiones que has tomado para mejorar tu vida. Si lo permites, lamentarás más tarde no haber aprovechado la oportunidad. En ese momento, podría no haber tiempo para hacer lo que siempre quisiste, aunque todavía haya tiempo suficiente para ello. Pero

¿sabes qué? Los demás vivirán sus vidas de acuerdo con su propia voluntad, y eso es exactamente lo que debemos hacer. No prestes atención a todas las críticas que la gente pueda hacer sobre tu vida. Filtra esas opiniones y reacciona de acuerdo con tus propias necesidades. Recuerda, ¡tu próximo gran hito es los cincuenta!

¿Qué puedes aprender de este capítulo?

La gente te hará sentir culpable cuando les convenga, pero no dejes que te conviertas en víctima de esos sentimientos de culpa. Asegúrate de conocer y entender tus deseos y necesidades. Prioriza tu propia felicidad y libérate de la carga de la culpa maternal.

Notas del diario

Pregúntese...

1. ¿Te sientes culpable?

   _____
   _____
   _____
   _____
   _____

2. ¿Dedicas suficiente tiempo a ti mismo? Si no, ¿por qué? ¿Qué puedes hacer para que eso suceda?

   _____
   _____
   _____
   _____
   _____

3. ¿Estás feliz?

   _____
   _____
   _____
   _____
   _____

CAPÍTULO 13

SIMPLEMENTE SÉ FELIZ. SÉ TÚ...

A medida que me acerco a los 40, la pregunta más importante que me planteo es: "¿Soy feliz?" Tengo una familia, un esposo amoroso, dos hermosas hijas y un maravilloso sistema de apoyo. Viajo, paso tiempo con mis padres y hermanos. La felicidad debería ser fácil de alcanzar, ¿verdad? Con toda la sabiduría y experiencia que he acumulado, debería estar feliz, por supuesto.

Sin embargo, a menudo caemos en la ilusión de felicidad que la sociedad nos impone o que otros nos imponen. La felicidad es algo profundamente personal, y aunque puede haber una forma de felicidad grupal que no sea la esencia misma, la felicidad sigue siendo principalmente una cuestión individual. En esta vida, lo único que compartimos es la búsqueda de la felicidad. A todos nos resulta difícil ser felices, pero ¿por qué es tan complicado? La felicidad no se nos entrega; tenemos que buscarla. Si la felicidad fuera automática, todos seríamos naturalmente felices. La mayoría de nosotros creemos que somos felices, o al menos eso esperamos. Pero ¿cómo podemos estar seguros de ello? ¿Es realmente sencillo ser feliz? ¿Cuáles son las claves para alcanzar la felicidad? ¿Estamos satisfechos con nuestras vidas? ¿Estamos persiguiendo nuestros deseos y alcanzando nuestros objetivos? La felicidad es un asunto profundamente personal, y es la cosa más importante de todas.

Algunas personas dicen: "No soy feliz" y proceden a enumerar todas las razones por las que sienten que la felicidad les esquiva. Pero a lo largo del tiempo, he llegado a comprender que la felicidad debe encontrarse dentro de nosotros mismos. Durante mucho tiempo, pensé que ya era feliz conmigo misma, y en cierta medida, era cierto. Era feliz. ¿Pero realmente alcanzaba el 100% de la felicidad que deseaba? Siendo sincera, quizás solo llegaba a la mitad. Me planteé: "A los 40 años, debería sentirme completa. Debería ser feliz con lo que la vida me presente, ¿verdad?" Pero luego profundicé en esta pregunta y descubrí por qué no alcanzaba el 100% de felicidad. Una por una, examiné las situaciones que me inquietaban. Analicé cada situación y descubrí que en la mayoría de los casos, regresaba a lo que alguien hizo o dijo que no concordaba con lo que yo quería. Me di cuenta de que necesitaba entender por qué siempre buscaba resultados y reacciones diferentes. ¿Por qué tenía expectativas de las personas y las situaciones en primer lugar?

"Bueno", pensé, "quizás sea el resultado de cómo mis padres me criaron. Tal vez lo que esperaba era lo que consideraba normal". Me di cuenta de que necesitaba cambiar mi actitud, ya que mi tendencia a enfadarme estaba afectando mi felicidad. Así que, en lugar de dejar que las situaciones me afectaran, comencé a dejarlas pasar. Me decía a mí misma: "No importa. ¿Por qué debería importarme? Enfadarme no aporta nada a mi vida, y el resultado que esta otra persona busca no me quita nada de la mía". Simplemente dejar ir las cosas me hizo sentir más feliz. Cuanto más practicaba esto, más felicidad experimentaba. Dejé de tener expectativas. Me di cuenta de que en todos los aspectos de la vida en los que no era feliz, estaba tomando las cosas de manera personal y permitía que afectaran mi paz interior. Fue entonces cuando comprendí que no encontraría la felicidad fuera de mí misma, sino que solo podría hallarla dentro de mí.

La búsqueda de la felicidad subyace en casi todas nuestras acciones. Si profundizamos un poco más, descubriremos que las personas hacen muchas cosas en su vida con la esperanza de encontrar la felicidad. Esto puede ayudar a explicar la naturaleza compleja de la felicidad. La felicidad es a la vez sencilla y compleja, dependiendo de las circunstancias. La vida en sí misma es un desafío que nos plantea diversos obstáculos y pruebas, y la felicidad es lo que nos mantiene alerta y motiva a superarlos. Imagina un mundo en el que no existiera la felicidad, y solo hubiera vida. Sería un caos, ¿verdad? No habría incentivos ni placer en el mundo, y tendríamos que lidiar con la vida como pudiéramos, sin experimentar ningún tipo de alegría. Por eso existe la felicidad. La felicidad se relaciona con otros conceptos como el placer, la satisfacción, la paz y la alegría, entre otros. Entonces, cada vez que experimentamos cualquiera de estas emociones, tendemos a decir que somos felices. No se puede subestimar la importancia de la felicidad; es un componente esencial de la vida. Sin experimentar felicidad, la vida sería insoportable. Encontrar la felicidad es el remedio más comúnmente buscado para enfrentar los desafíos y tragedias de la vida. Es por eso por lo que, como medio de escape de los dolores y traumas, las personas se involucran en actividades que creen que las llevarán a la felicidad.

Los problemas que enfrentamos en la vida no surgen a medida que envejecemos; de hecho, comienzan desde el momento en que entramos en este mundo. La magnitud de estos problemas o desafíos solo aumenta con la edad. Cuando éramos niños, nuestras necesidades eran mucho menos intensas que las de los adultos. Nuestras preocupaciones eran de un tipo más simple, como resolver conflictos con un poco de helado o recibir un regalo nuevo. A medida que maduramos, nuestra búsqueda de la felicidad toma un cariz diferente, en un contexto distinto.

Por ejemplo, una adolescente puede anhelar asistir a una fiesta, incluso si se le prohíbe hacerlo, porque quiere experimentarla y sus amigos la presionan. En esta etapa, nuestra idea de la felicidad no está completamente definida, ya que nos dejamos influenciar por lo que nos dicen los demás y por lo que observamos en la sociedad. Probamos diferentes cosas, creyendo que pueden hacernos felices. Con el tiempo, a medida que envejecemos y acumulamos experiencias, nuestra comprensión de la felicidad se afina. Esto se ha subrayado a lo largo de este libro: a los cuarenta años, generalmente ya sabemos lo que queremos. Es por eso por lo que se dice que la vida comienza a los cuarenta, ya que los años previos han sido como una serie de pruebas. Hemos participado en diversas actividades, conocido a muchas personas y nos hemos desafiado constantemente. Ahora, en este punto de nuestras vidas, tenemos una idea más clara de lo que deseamos.

La felicidad está intrínsecamente vinculada a nuestros deseos y no necesariamente a nuestras necesidades. A veces, nuestras necesidades pueden surgir a raíz de lo que observamos en los demás, en lugar de lo que realmente anhelamos para nosotros mismos. Sin embargo, son nuestros deseos los que realmente determinan cuán felices seremos. De joven, es posible que no hayas descubierto plenamente tus deseos, lo que hace que puedas hacer casi cualquier cosa y pensar que eres feliz, simplemente porque en ese momento no tenías una comprensión completa de lo que te haría feliz.

Al llegar a los cuarenta, es de esperar que tus deseos estén más definidos. Es en este momento cuando puedes buscar la verdadera felicidad, ya que satisfacer esos deseos es lo que conduce a tu bienestar. Por lo tanto, no deberías buscar la felicidad en seguir las directrices de otras personas, porque en última instancia, eso es lo que quieren que hagas, no necesariamente lo que deseas. Lo que verdaderamente deseas es lo que determina tu felicidad.

A lo largo de tu vida, es posible que hayas vivido según las expectativas de los demás. Es posible que hayas elegido una carrera porque tus padres lo deseaban, o que hayas seguido un camino de vida que considerabas el más adecuado según las normas de la sociedad. Sin embargo, cuando llegas a la etapa de los cuarenta, ya no deberías permitir que las opiniones de los demás dicten tus elecciones. Tu vida te pertenece, y deberías vivirla de acuerdo a tus necesidades y deseos. Aunque a veces los deseos de otras personas puedan coincidir con los tuyos, es fundamental que aprendas a descartar lo que los demás quieren para tu vida. Si bien puede hacerlos felices, ¿es eso lo que realmente deseas para ti? ¿Quieres pasar tu vida complaciendo a los demás? Recuerda que esta es tu vida, y cada individuo tiene la suya. Es comprensible que cuando eras joven, pudieras vivir siguiendo las expectativas de los demás debido a tu falta de experiencia. Pero como adulto, tus necesidades y deseos deben ser prioritarios en todo momento, ya que tu búsqueda de la felicidad es una responsabilidad personal. Tienes el poder de forjar tu propia felicidad y no debes cargar con la responsabilidad de hacer felices a los demás a expensas de tu propia satisfacción. No dejes que nadie te convenza de lo contrario, porque ciertamente lo intentarán.

Lo único que te hará feliz es ser feliz con lo que eres.[29]
—GOLDIE HAWN

Decidí investigar cómo encontrar esa felicidad interior que a menudo se ve obstaculizada por diversas presiones, como las expectativas sociales, las comparaciones con otros, la influencia de las redes sociales y el constante deseo de más. Caemos en la trampa de comparar nuestra propia felicidad con las posesiones materiales de los demás, o cuando otros parecen tener más éxito que nosotros. Nos obsesionamos con la idea de que "el césped del vecino es más verde" y, en el proceso, dejamos que el nuestro se vuelva amarillo. Personalmente, solía caer en este juego de comparaciones. Es sorprendentemente fácil hacerlo, y si eres afortunado, puedes manejar las redes sociales para tu propio beneficio, recogiendo solo lo que necesitas, pero para la mayoría, es una trampa que resulta difícil de dejar.

Hemos discutido este tema en el pasado, pero es relevante repetirlo aquí. Dada la influencia dominante de las redes sociales en nuestras vidas, ¿cuán sencillo es ser auténtico? ¿Y qué significa realmente ser uno mismo? Desde que somos muy jóvenes, la sociedad nos dice cómo debemos comportarnos y qué debemos o no debemos gustarnos. Recibimos consejos

---

[29] Goldie Hawn, "Goldie Hawn Quotes," www.brainyquotes.com, Access date July 12, 2021, https://www.brainyquote.com/quotes/goldie_hawn_387167.

sobre lo que debemos comer, lo que no debemos beber, a quién debemos o no debemos agradar y qué programas de televisión debemos ver. En cierto sentido, las redes sociales a menudo nos presionan para encajar y actuar de maneras que no reflejan nuestra verdadera identidad. Ser uno mismo implica mantenerse fiel a tu identidad central en lugar de pretender ser alguien que no eres solo para agradar a los demás. Lamentablemente, solo unos pocos de nosotros son genuinos consigo mismos, ya que la mayoría lucha por encajar en ciertas expectativas o idealizaciones y termina tratando de ser alguien que no es.

Como mencioné antes, la felicidad encuentra sus raíces en nuestros deseos, los cuales están intrínsecamente ligados a nuestra identidad. En nuestra juventud, experimentamos múltiples cambios, en parte porque aún no habíamos descubierto plenamente quiénes éramos ni cuáles eran nuestros deseos; en cambio, dejábamos que otros nos dictaran estas pautas. La felicidad radica en la exploración y el descubrimiento personal. Se trata de conocerte a ti mismo, comprender tu personalidad y tus gustos, ya que estos descubrimientos darán forma a tus deseos. A los cuarenta, se espera que hayas realizado estos descubrimientos, lo que te otorgará la confianza necesaria para enfrentar cualquier oposición con determinación. En ese punto, tendrás plena certeza sobre quién eres y cómo deseas vivir tu vida. Solo cuando te alineas con tu verdadera identidad y vives de acuerdo con tus propios descubrimientos, puedes experimentar la felicidad genuina. A veces, podría parecer que eres feliz siguiendo las expectativas de otros, pero tarde o temprano te darás cuenta de que has estado viviendo la vida de los demás, lo que resulta en una pérdida de tiempo en lugar de vivir tu propia vida y seguir tu camino.

Enfócate en ti mismo. Prioriza tu felicidad y abraza tu autenticidad. Cuando otros critiquen o se opongan, ignora sus opiniones y, con el tiempo, observa cómo se retiran. Seguir lo que otros dicen solo conduce a permitir que controlen tu vida, lo cual no debería ser así, ya que cada uno de nosotros tiene la responsabilidad de vivir nuestras propias vidas y tomar decisiones que nos permitan avanzar.

Ahora, a punto de cumplir los 40, me encuentro en un punto donde he identificado claramente quién soy, mis preferencias y aversiones. Antes de llegar a esta edad, decidí tomar cada pensamiento en mi mente y someterlo a un análisis profundo. ¿Era realmente mi pensamiento, o había sido influenciado por mis padres, hermanos, abuelos, maestros, amigos, redes sociales y la presión social en general? También me vi en la necesidad de reevaluar mis propias expectativas. Durante este proceso, me di cuenta de que quería mucho más de la vida de lo que estaba experimentando. A pesar de lo que había logrado, anhelaba más. La vida es fugaz y no podemos darnos el lujo de ser inauténticos en ningún aspecto de nuestra existencia: en nuestros pensamientos, en nuestros deseos y en la elección de amistades.

Todos tenemos amigos, nos preocupamos por ellos y ellos se preocupan por nosotros, ¿pero realmente lo hacen? ¿Cuántos

LOS 40 PERFECTOS

de nuestros amigos genuinamente se preocupan por nosotros, y cuántos están solo por conveniencia? Cuando tenía entre 20 y 30 años, solía pensar que todos eran mis amigos y que siempre estarían ahí para mí, sin importar qué. Después de todo, ¿no salíamos de fiesta juntos tres de cada siete noches? ¿Por qué no habrían de estar disponibles si necesitaba ayuda? Pero adivina qué, todas esas expectativas que tenía de ser mis mejores amigos se desvanecieron con el tiempo. Cada uno siguió adelante con sus propias vidas, prioridades y agendas. Y eso está bien. Pero me di cuenta de que había perdido tiempo preocupándome por lo que pensaban de mí. No era realmente yo misma cuando estaba con ellos. Trataba de encajar, de ser como ellos, pensando que compartíamos las mismas opiniones, intereses y valores. Pero al final, se alejaron. Claro, seguimos en contacto de vez en cuando, pero eso es todo. Fue divertido, pero si pudiera volver atrás, me habría centrado en mi crecimiento personal y en conocerme mejor.

Si pudiera darle un consejo a mi yo más joven, sería este: "No pierdas tu tiempo intentando encajar con los demás". Seguía todas las tendencias con mis geniales amigos. ¿Por qué? Porque en aquel entonces, no me conocía a mí misma lo suficiente. No me daba cuenta de que, a medida que uno crece, todo a su alrededor cambia, y uno también debe cambiar. ¿Recuerdas que hace diez años te encantaba estar de fiesta hasta las 3:00 a. m.? Es posible que ahora eso ya no te guste tanto, que prefieras quedarte en casa. Así que, amplía tu conocimiento, aprende algo nuevo y sigue evolucionando.

Si pudiera retroceder en el tiempo, dedicaría más tiempo a aprender y no malgastaría mi tiempo y dinero en fiestas. Esos días ya quedaron atrás para mí, y si mi experiencia puede servir a alguien más, estaré contenta. En primer lugar, invertiría en mí misma y luego seguiría las tendencias si lo deseo. No me dejaría atrapar en la rutina de 9 a 5. Siempre he querido emprender mi propio negocio. Ser libre. A medida que me acerco a los 40 y reflexiono sobre mi vida, me doy cuenta de que hacer lo que realmente deseas y ser auténtico contigo mismo es lo que te trae la verdadera felicidad.

A menudo complicamos nuestras vidas. Nos levantamos cada día y vivimos siguiendo estándares establecidos por otros. Creemos que, para encajar, debemos conformarnos con las normas y seguir tendencias. Y si no lo hacemos, tememos que la gente nos pregunte: "¿Qué te sucede?". Hay numerosos artículos y blogs que nos dicen cómo deberíamos comenzar el día, cómo debemos comportarnos, cómo debemos ser. Las expectativas son abrumadoras. Entonces, te animo a establecer tus propios estándares. No dejes que nadie te diga quién debes ser o cómo debes actuar.

Dedica tiempo a conocerte a ti misma. Acepta tu pasado y comprende que tus padres hicieron lo mejor que pudieron por ti. Allí es donde todo, lo bueno y lo malo, comenzó. Tu educación influyó en tu personalidad. Si no te gusta quién eres, puedes cambiar. Explora tu pasado y cómo ha influido en la persona que eres hoy. Por ejemplo, sabemos poco sobre nuestros abuelos y bisabuelos, quiénes eran y qué hacían. Habla con los miembros de tu familia que aún están contigo. Descubre tu historia familiar y lo que te han contado sobre las generaciones anteriores. Existen conexiones en tu pasado que te ayudarán a comprenderte mejor.

Descubre cuáles son tus propios estándares. Reconoce tus virtudes y debilidades. Aprende a filtrar, procesar y desechar todo el bagaje no deseado e innecesario. Encuentra tu propio camino. No quieres vivir con remordimientos, porque eso es lo que obtienes cuando sigues las expectativas de otras personas. Comienzas a acumular momentos de "si hubiera sabido". Es lamentable, porque desearías poder dar marcha atrás en el tiempo, pero desafortunadamente, no puedes. Por suerte, ahora sabes lo que puedes hacer. Puedes empezar a vivir tu vida en este momento. No es demasiado tarde para comenzar; la vida realmente comienza a los cuarenta. No te tomes la vida demasiado en serio. Sigue buscando siempre más. Esto no significa que no debas estar contenta; eso no es lo que quiero decir. Siéntete agradecida por lo que tienes: tu coche, tu hogar y tu trabajo. Sin embargo, nunca dejes de aprender. No solo sobre ti misma, sino también sobre el mundo que te rodea. Es así como creces como individuo. No podemos simplemente completar la universidad y decir: "Ya es suficiente. Tengo un gran trabajo y he terminado de aprender". ¡Eso es un error! Nunca dejes de crecer, eso es lo que te hará feliz.

Existen muchas maneras de aprender a ser feliz en tu día a día, desde llevar un diario de gratitud hasta repetir citas inspiradoras, unirte a grupos espirituales y establecer y alcanzar metas. Así que comienza ese diario, coloca afirmaciones en tu hogar, únete a ese grupo al que deseabas pertenecer y establece tus metas. Una vez que hayas alcanzado una meta, no te detengas, establece otra. Es muy gratificante fijar metas, alcanzarlas y luego establecer metas aún más grandes y emocionantes. Aprendes mucho sobre quién eres cuando sigues esforzándote por crecer. Nuevamente, no se trata de adquirir bolsos de lujo, automóviles costosos o zapatos de diseñador. Hay tantas metas significativas que puedes establecer. Simplemente comienza con una. Establece objetivos diarios, semanales, mensuales y anuales. El logro de estas metas es una de las sensaciones más gratificantes que experimentarás. Aprenderás más acerca de ti misma de lo que nunca imaginaste y te sentirás inspirada.

Como todos los demás, yo buscaba inspiración en mi vida. Esperaba encontrar a alguien que me ayudara a mejorar mi estado de ánimo y elevar mi nivel de felicidad. Aquella persona que siempre porta una sonrisa en su rostro y simplemente ilumina tu día. Pero con el tiempo, me di cuenta de que yo podía ser esa persona para mí misma. Me animé a ser mi propia fuente de inspiración. Una vez que tomas conciencia de que eres capaz de ser esa persona, es difícil derribarte. ¿Quieres saber qué fue lo que realmente cambió mi estado de ánimo? Empezar a escribir un diario de gratitud todas las noches antes de dormir.

Mientras preparaba a mis hijos para ir a la cama y, después de que se quedaban dormidos, dedicaba quince minutos a reflexionar sobre mi día. En esas páginas, anotaba al menos siete cosas por las que me sentía agradecida en mi vida y otras siete relacionadas con las personas que me rodeaban. Al inicio, escribir siete cosas fue un desafío, pero poco a poco descubrí que cuantas más cosas anotaba, más razones encontraba para sentir gratitud.

Este hábito de llevar un diario de gratitud me ayudó enormemente a mejorar mi ánimo. También me impulsó a explorar cómo podía ser una mejor persona, un mejor "yo". Me preguntaba a mí misma: "¿Qué me haría más feliz?". Comencé a seguir a personas influyentes que me inspiraban y eliminé a esas "energías tóxicas" de mi vida diaria. También empecé a leer libros edificantes, a dar paseos al aire libre y a reservar tiempo para estar a solas y conectarme con mi ser interior. Acepté las circunstancias de mi vida y reflexioné sobre el pasado: mis errores, mis momentos felices y mis arrepentimientos. Aprendí a clasificar a las personas que me rodeaban en dos grupos: aquellas que me brindaban felicidad y aquellas que no. Me alejé de aquellas que no aportaban a mi bienestar y fortalecí mis lazos con las que realmente me hacían feliz.

Si deseas ser feliz, comienza por descubrirte a ti misma. Conéctate con tus emociones y potencia tus habilidades. Siempre busca adquirir más conocimientos, ya que es así como sigues creciendo y desarrollándote para convertirte en una persona mejor y más feliz. A menudo, escucharás a personas decirte que debes ser feliz, pero la verdad es que nadie más puede decirte cómo lograrlo. La clave para la felicidad reside en tus propias manos. Tu vida realmente determina tu nivel de felicidad, por lo tanto, es fundamental que te descubras a ti misma y vivas de acuerdo con tus propios dictados.

Los descubrimientos son inagotables, y encontrarte a ti misma es un proceso continuo. La vida es una aventura que se desarrolla a medida que avanzas en ella. Tu búsqueda de formas adicionales de alcanzar la felicidad nunca debe cesar. No permitas que te digan que debes relajarte porque supuestamente ya has llegado a cierta edad. La felicidad no está limitada por el paso de los años. Al igual que cuando eras más joven, hay múltiples formas de encontrar la felicidad en la actualidad. La única diferencia radica en lo que verdaderamente llena tu vida de significado. El mito de que la felicidad disminuye a medida que envejecemos es solo eso, un mito. Mientras la vida siga adelante, siempre habrá diferentes oportunidades y maneras de ser feliz, independientemente de tu edad. Mantén siempre la alegría, ya que es uno de los superpoderes más valiosos que posees.

¿Qué puedes aprender de este capítulo?

No necesitas cambiar quién eres. En cambio, aprende a aceptar los fracasos en tu vida, suelta el pasado y asegúrate de extraer valiosas lecciones de esas experiencias. Descubre lo que te llena de alegría y felicidad, y permítete ser feliz. Busca un trabajo que te satisfaga cada día.

Notas del diario

_____
_____
_____
_____
_____
_____
_____
_____
_____
_____
_____
_____
_____
_____
_____

Pregúntese...

1. ¿Estás viviendo tu vida o la de otra persona?

   _____
   _____
   _____
   _____

2. ¿Haces lo que te hace feliz? ¿Algo que te llene todos los días?

   _____
   _____
   _____
   _____
   _____

3. ¿Tienes algún pasatiempo? ¿Qué es? ¿Cómo te hace feliz y por qué?

   _____
   _____
   _____
   _____
   _____

CAPÍTULO 14

EXPLORAR

A los cuarenta es donde realmente comienza la vida, y esta ha sido la pieza central de nuestra conversación desde entonces. Si aún no has invertido tiempo en explorar, esta es la oportunidad para hacerlo. Dedícate a explorar opciones que te brinden felicidad. Mucha gente se lanza a explorar debido al temor a perderse cosas (FOMO). Pero ese sentimiento se asemeja al arrepentimiento, y aunque no es un sentimiento exclusivo de la cuarentena, algunas personas lo experimentan en ese momento. Sin embargo, muchas personas pueden vivir plenamente sin preocuparse por lo que podrían estar perdiéndose. No te estoy instando a desarrollar el miedo a perder oportunidades, pero puedes afrontar tus cuarenta con una mentalidad exploratoria. Reconoce que existen numerosas experiencias y oportunidades que aún no has aprovechado, por lo que vale la pena explorar. Desde mi perspectiva, no hay restricciones para explorar.

En la sociedad, prevalece la creencia de que los días de juventud eran más emocionantes debido a las múltiples exploraciones que realizábamos sin preocupaciones. También existe la noción de que, a medida que envejecemos, nuestras exploraciones disminuyen porque se espera que tomemos la vida más en serio. Me gustaría desafiar esta creencia, ya que nadie ha escrito una "constitución de la vida", y aun si lo hubiera hecho, sería injusto restringir las aventuras y exploraciones solo a los jóvenes. Siempre que actúes con responsabilidad, no deberías ser restringido de hacer lo que deseas. A menudo, dejamos muchas cosas sin hacer o experimentar debido a estas creencias, y a menudo esas experiencias son las que nos brindan felicidad.

Es cierto que existen numerosos libros sobre lo que debemos y no debemos hacer antes de morir. Sin embargo, ninguno de nosotros conoce el momento de nuestra partida. Pero, al igual que cualquier otra faceta de la vida, es esencial vivirla experimentando y creando vivencias significativas. No permitas que el temor a la muerte te invada y te llene de tristeza. Si bien es cierto que todos moriremos, es crucial que cada día que vivas cuente. Deja que cada día sea una página escrita en tu historia. En una ocasión, leí una cita de Oscar Wilde que decía: "Muchos existen, pero pocos viven". ¿Te parece confuso? Puede serlo, ya que a menudo pensamos que simplemente existir es igual a vivir. Pero hay una distinción importante. Aunque para muchos, haber vivido significa que han existido, es posible existir sin realmente vivir. Aquellos que solo existen son personas que nunca han tenido la oportunidad de descubrir su vida y vivir de acuerdo con ese descubrimiento. A menudo, son llevados por las opiniones de otros y terminan en una rutina de la que no pueden escapar. Por otro lado, aquellos que existen y viven son aquellos que aprovechan al máximo sus vidas. Participan en actividades que les brindan felicidad y a menudo comparten esa felicidad con otros.

Cuando hablé de la felicidad en los capítulos anteriores, mencioné que debes estar dispuesta a hacer descubrimientos, y lo emocionante es que estos descubrimientos sobre tu vida son interminables. Cada día trae consigo la oportunidad de aprender algo nuevo. Tan vasto como es este mundo, así de amplias son las oportunidades que ofrece. Algunos de ustedes quizás no tengan claro si les gusta algo o no, y esto puede deberse a que nunca han tenido la experiencia de probarlo. Experimenta cosas nuevas y mantén tu mente abierta a nuevas actividades. Todo esto es esencial para garantizar tu felicidad. No existen límites para tus descubrimientos. La única limitación que puedes encontrar eres tú misma, y en lo que respecta a la felicidad, no existe tal cosa como "demasiado feliz". La felicidad es felicidad, sin más. ¡Explora! ¡Explora! Es posible que hayas tenido ideas en mente en el pasado, pero las hayas rechazado por temor a lo que opinarán los demás. Sin embargo, no debes darles ese poder. ¿Por qué debería importarte lo que los demás piensen acerca de tu propia vida? Esta es tu vida. Como mencioné en un capítulo anterior, la gente siempre hablará de todos modos. Si te diviertes, te dirán que eres demasiado mayor para eso. Si no te diviertes, te tacharán de aburrida. ¿Te preocupa lo que dirán siempre las mismas personas con opiniones cambiantes? Al evaluar una idea que deseas probar, en lugar de preocuparte por lo que dirán los demás, pregúntate a ti misma: "¿Me gustaría?" o "¿Me gustaría intentarlo?". Con confianza afirmo que hay innumerables oportunidades esperando a ser exploradas en esta vida, ¡muchas oportunidades por descubrir!

Siempre he considerado que los viajes son una maravillosa fuente de conocimiento. Aprendemos tanto sobre la vida y el mundo exterior cuando nos aventuramos a explorar nuevos lugares. Y no te limites a una sola región del mundo; experimentar diversas culturas es de suma importancia. Durante mis viajes por todo el mundo, siempre pude comunicarme de alguna manera. Ya sea que encontrara hablantes de inglés o aprendiera algunas frases en el idioma local, la comunicación nunca fue un obstáculo insuperable. La ventaja es que en la mayoría de los lugares del mundo, se habla al menos un poco de inglés, lo que facilita mucho el viajar. Un consejo valioso que puedo ofrecer a todos es que viajen. Hagan al menos un viaje al año. Vayan a algún lugar nuevo y, si no tienen pareja o hijos, consideren llevar a un amigo. Disfruten de otras culturas, prueben la gastronomía local y absorban todo lo que el viajar puede ofrecer.

Otra sugerencia que podría considerar, si aún no lo ha hecho, es explorar una profesión diferente. Sé que esto puede sonar inusual, pero ¿alguna vez has imaginado ser alguien distinto a lo que eres en la actualidad? ¿Has soñado con la posibilidad de desempeñar un papel completamente distinto al que desempeñas como, por ejemplo, contador, facturador médico, médico o abogado? ¿Has pensado o soñado con convertirte en otra persona? Muchos de nosotros solíamos soñar con ser alguien más cuando éramos niños, y a veces es un reto recordar quién queríamos ser en aquel entonces. No obstante, explorar una nueva profesión podría ser una experiencia reveladora. Incluso si no recuerdas tus aspiraciones de la niñez, puedes investigar y encontrar algo que realmente te atraiga. Te sugiero que lo intentes, te sorprenderás de lo que podrías descubrir. Quién sabe, podría ser la clave para encontrar una fuente adicional de felicidad en tu vida.

Otra oportunidad maravillosa que puedes aprovechar, si aún no lo has hecho, es marcar una diferencia en la vida de alguien. Sea voluntaria, enseña a alguien a leer, capacita a alguien, o brinda orientación. Las opciones son innumerables. Haz algo que transforme la vida de alguien, y sentirás que es uno de los mayores logros de tu vida. ¿Qué te parece construir un pozo en un país que no puede permitírselo? La verdad es que no cuesta tanto. ¿Y qué tal contribuir con 50 dólares al mes para ayudar a alguien a recibir educación en otro país? Las posibilidades son realmente ilimitadas. Una vez que realices un acto así, te sentirás inspirada a hacer más y motivarás a otros a seguir tu ejemplo. No solo eso, sino que experimentarás una gratificante sensación de logro y dejarás una huella imborrable en la mente de las personas. Ya sea que te preocupe o no cómo serás recordada, siempre perdura el impacto que has tenido en la vida de alguien. Si es algo que puedes hacer, te animo a que lo intentes. No se trata de lo que la gente dirá de ti, sino de cómo estás moldeando tu vida en beneficio de alguien más. Es una de las formas más enriquecedoras de vivir, sabiendo que alguien en el mundo es beneficiario de tu influencia. No se necesita toda una comunidad ni un gran grupo de personas para causar un impacto significativo; incluso una sola persona es suficiente. No requieres todo el mundo ni una multitud para marcar la diferencia.

Otra opción que podría considerar es la meditación. Probablemente hayas oído hablar de ello en numerosas ocasiones, pero en realidad, aporta mucho más que una simple práctica a tu vida. La meditación te enseña cómo responder al mundo y a las personas que te rodean, cómo interactuar con los demás y, lo que es más importante, te ayuda a comprender muchos aspectos de tu vida. La meditación es excepcional para relajarte y conectarte contigo misma, permitiéndote entender quién eres verdaderamente. Los beneficios de la meditación son innumerables. Te animo a probarla; no te defraudará. Continúa con la práctica y disfrutarás de todos los beneficios que la meditación tiene para ofrecer. Además, puedes experimentar la meditación a través del yoga. No te lo digo solo porque sea una tendencia popular, sino porque lo he experimentado personalmente: el yoga es increíblemente relajante, y quizás aún no lo has intentado.

Otra sugerencia es aprender un nuevo pasatiempo. Cuando comenzamos algo nuevo, cambiamos nuestro enfoque, alejándonos de las preocupaciones pasadas y no deseadas. De manera similar, los recuerdos y preocupaciones no deseados disminuyen en importancia cuando te sumerges en una nueva afición, como el golf, por ejemplo. Si descubres que el nuevo pasatiempo no es exactamente lo que esperabas, simplemente pasa al siguiente. Mantén tu mente ocupada con pensamientos e intereses más positivos que en el pasado. Sabemos que no podemos cambiar el pasado, pero sí podemos influir en nuestro futuro. Si nunca has leído libros antes o no has explorado diferentes géneros, ¡ahora es un buen momento para intentarlo! Podrías descubrir que te encanta la lectura. Si nunca has participado en actividades deportivas, podría ser un nuevo interés que no quieras abandonar. Incluso podrías aprender nuevas habilidades. No olvides que no existe una edad límite para aprender y crecer.

Crea una lista de deseos o una lista de cosas por hacer, ¡y comienza a tachar elementos uno a uno! Puede que al principio pienses que hacer una lista de deseos es frívolo o infantil, pero adelante, hazlo. Después de todo, ¿no deseas hacer cosas que te hagan sentir joven de nuevo? Una lista de deseos debe ser un compendio de experiencias que te gustaría probar. ¿Algunas de ellas parecen extrañas? No importa, inclúyelas. ¿Parecen infantiles? Está bien, añádelas. ¿Crees que algunas son imposibles? No te preocupes, agrégalas de todos modos. No te obsesiones con la posibilidad de marcar todos los elementos de tu lista; al final, solo hay dos resultados posibles: marcarlos o no. Sea cual sea el resultado, no puedes predecirlo, así que simplemente inclúyelos y dale una oportunidad. No esperes hasta mañana para crear tu lista de deseos. El simple acto de hacer la lista es el primer paso para alcanzar tus deseos. ¡Crea, planea y lleva a cabo! Si lo deseas, involucra a tus hijos, a tu cónyuge o a un amigo para que sea una actividad divertida. O simplemente hazlo por ti misma, sin esperar a nadie más. Si esperas a que alguien más decida o esté de acuerdo, es posible que nunca lo hagas. Simplemente comienza.

Afronta tu vida sin restricciones ni limitaciones. Reflexiona sobre las cosas que alguna vez deseaste hacer y, si es posible, ¡hazlas ahora! Lo más importante es que te hagan feliz. Si sabes en tu interior que no disfrutarás de algo o que no te aportará felicidad, entonces no es necesario que lo intentes. Sin embargo, si no tienes idea de cómo te afectará o influye en tu felicidad, ¿por qué no probarlo? Como dice el dicho popular, "no pierdes nada con intentarlo".

No permitas que el pensamiento de tu edad te impida explorar. No existe un límite de edad para embarcarse en aventuras o descubrir cosas nuevas. Estás construyendo recuerdos que atesorarás en los próximos capítulos de tu vida.

LOS 40 PERFECTOS

Imagina la cantidad de historias interesantes que tendrás para compartir cuando seas mayor. Además de ser considerado alguien realmente fascinante y aventurero, te sentirás realizado. No hay sensación comparable a la de saber que has hecho cosas que te han llenado de felicidad. Estás creando recuerdos que nadie podrá arrebatarte. Considera esto: si llegas a los cuarenta sin preocuparte por lo que piensan los demás y te dedicas a descubrirte a ti misma y a explorar oportunidades, es posible que olvides por completo que tienes cuarenta años. Tal vez, cuando te pregunten sobre tu edad, te sorprenderás al recordar: "¡Oh, tengo cuarenta!".

Así que sigue explorando y continúa haciéndolo hasta que no puedas explorar más. La verdad es que, si la muerte no llega antes, llegará un momento en el que no podrás llevar a cabo estas actividades. Tu vida estará compuesta por los recuerdos que estás creando en este preciso instante.

¿Qué puedes aprender de este capítulo?

Prueba algo nuevo, haz algo que nunca hayas hecho y no tengas miedo.

Notas del diario

Pregúntese...

1. ¿Qué es lo que siempre quise probar, pero nunca hice por alguna razón?

   _____
   _____

2. ¿Qué necesito hacer para intentar hacer el punto 1?

   _____
   _____
   _____

3. ¿Qué puedo hacer para marcar una diferencia en la vida de otra persona?

   _____
   _____
   _____
   _____

4. ¿De qué tengo miedo, en todo caso?

   _____
   _____
   _____
   _____

CAPÍTULO 15

OH, CÓMO TODOS DESEAMOS
PODER PERMANECER JÓVENES PARA
SIEMPRE

Todos experimentamos momentos en la vida en los que desearíamos poder mantenernos jóvenes para siempre. Algunos de nosotros anhelamos revivir los mejores momentos de nuestras vidas una y otra vez, mientras que otros desean recuperar su apariencia, energía y salud de antaño. Estos sentimientos varían de una persona a otra. Personalmente, creo que estos sentimientos surgen debido a la percepción de que la vida antes de los treinta es la mejor. También he notado que la vida antes de los cuarenta no es tan restrictiva, principalmente debido a los cambios que se producen en el cuerpo.

El temor al envejecimiento es algo que muchos experimentamos, pero rara vez se discute abiertamente. Si bien escuchamos más sobre este temor en generaciones más avanzadas, como los Baby Boomers, la Generación Silenciosa y la Generación Más Grande, no es un tema que se hable mucho entre las personas de cuarenta años. Sin embargo, es importante recordar que no podemos retroceder en el tiempo. Nuestra vida tiene un límite, incluso si somos afortunados y llegamos a vivir hasta los ochenta, noventa o incluso cien años. Nuestros recursos se agotan, nuestra salud se resiente, nuestras capacidades disminuyen y nuestros cuerpos envejecen con el tiempo.

En lugar de centrarnos en el envejecimiento, deberíamos trabajar en fortalecer nuestras mentes y enfocarnos en las cosas que nos hagan avanzar. Permíteme contarte la historia de Agnes, una mujer que fue tan hermosa como la estrella de la mañana en sus veinte años. Ella era consciente de su belleza y recibía numerosos elogios. Disfrutaba de la atención que recibía como una mujer excepcionalmente hermosa. Tanto niños como niñas se sentían atraídos por ella, y las invitaciones a fiestas nunca faltaban. La gente siempre la trataba como una verdadera joya, ya que su belleza era acompañada por su vitalidad y alegría de vivir.

Con el paso de los años, Agnes comenzó a envejecer, como todos nosotros. A medida que envejecía, se dio cuenta de que ya no era la opción preferida para el trabajo de modelo que tanto amaba. A pesar de no haber perdido su trabajo, la agencia decidió cambiarla por una modelo más joven en esa categoría.

Agnes llegó a casa, se miró al espejo y se dio cuenta de que los signos del envejecimiento habían afectado su apariencia y, por lo tanto, su carrera. Esto la dejó con un sentimiento de incertidumbre a sus 37 años.

Agnes se negó a aceptar la nueva categoría laboral que le ofrecieron, por lo que dejó la agencia en busca de oportunidades similares en otro lugar. Pasó un tiempo antes de que pudiera encontrar un trabajo que se acercara a lo que anteriormente tenía. Aunque no era su trabajo de modelo anterior, finalmente aceptó la oferta, ya que necesitaba estabilidad.

A medida que Agnes envejecía, también notaba que la atención que solía recibir de la gente había disminuido. Sin embargo, no comprendía que la razón detrás de esto era que las personas seguían adelante con sus propias vidas y las cosas habían cambiado. Pasó largas horas reflexionando sobre cómo su vida había perdido brillo y atractivo. Durante los siguientes 12 años, Agnes luchó con la idea de no ser quien solía ser en sus veinte y treinta años.

Fue entonces cuando conoció a una mujer que le abrió los ojos a una serie de verdades y realidades. Gracias a esa amiga, Agnes finalmente comenzó a entender su vida y, a los 49 años, comenzó a vivir de una manera que nunca había experimentado antes.

Una de las razones que llevaron a Agnes a vivir la vida que vivió fue su anhelo de permanecer inalterable para siempre. Es natural desear la eterna juventud, lo comprendo, pero es un anhelo inalcanzable. Nadie ha logrado nunca mantenerse joven eternamente, ni lo hará en el futuro. La idea de conservar la juventud para siempre resulta un tanto absurda. El cambio es una constante en la vida y nos afecta a todos, independientemente de nuestra voluntad. En lugar de abrazar los cambios que se presentaron en su vida, Agnes se mantuvo atrapada en el pasado durante mucho tiempo.

¿Notaste cómo esto afectó su vida? Se quedó estancada en sus cuarenta años, obsesionada por regresar a un tiempo que ya no podía revivir y anhelando lo que había dejado atrás. Si no hubiera sido por la intervención de una mujer mayor, es posible que Agnes hubiera perdido la oportunidad de disfrutar de sus cincuenta años. Es probable que le hubiera encantado su nuevo puesto de trabajo, pero nunca se dio la oportunidad de explorarlo.

A menudo, amamos nuestras versiones más jóvenes: la apariencia, la energía y el espíritu. Sin embargo, la vida no se detiene a los cuarenta. La vida sigue su curso hasta que llega su fin, literalmente. Hasta entonces, debemos seguir viviendo y abrazando cada etapa con gratitud.

> *Si intentas permanecer joven para siempre, realmente no vives.*[30]
> —ELIZABETH MITCHELL

La aceptación, un capítulo importante en este libro, merece su propio espacio y, sin duda, comprenderás por qué. Aprender a aceptar es esencial para el avance en la vida. Si no lo haces, te verás arrastrada hacia atrás por las cosas que te resistes a aceptar. La juventud es una etapa en la vida, pero la madurez también tiene mucho que ofrecer. ¿Por qué aferrarse a la idea de permanecer joven eternamente? Esto solo te mantendría atrapada en un lugar, sin experimentar todo lo que la vida adulta tiene para ofrecer. ¿Alguna vez has intentado vivir plenamente en tus cuarenta? Si no lo has hecho, te estás perdiendo la maravillosa experiencia que esa década puede brindar. Sorprendentemente, podría gustarte aún más que tu juventud. Mantén abierta esa posibilidad y no dejes que la obsesión por la juventud te cierre puertas.

La sabiduría de las personas mayores nos insta a desacelerar, disfrutar de la vida día a día y no postergar la felicidad. Yo misma solía dar por sentado los días de mis veinte y treinta años, pero

---

[30] Elizabeth Mitchell, www.enquoted.com, Access date December 5, 2021, https://www.enquoted.com/elizabeth-mitchell--if-you-try-to-stay-young-forever-you-don-t-really-live-quote.html.

ahora valoro cada día. No quiero llegar a los cincuenta y cinco años y lamentar no haber celebrado lo que tenía. Ni a los sesenta y cinco, arrepentirme de no haberme valorado lo suficiente. Muchas personas mayores desearían poder retroceder en el tiempo y volver a sus treinta o cuarenta años.

Considera esto: la razón por la que anhelas volver a ser joven es, probablemente, por todas esas experiencias que viviste, ¿verdad? Esos momentos que encuentras tan memorables, emocionantes, atrevidos o desafiantes. Te encantaría revivir esas vivencias. Entonces, ¿por qué esperar? Crea nuevos recuerdos tan apasionantes como puedas ahora, para que cuando seas mayor, desees volver a los cuarenta.

Pocas de nosotros podemos ser completamente sinceras y decirnos a nosotras mismas que apreciamos quiénes somos y el camino que hemos recorrido hasta este momento. Hemos aprendido muchas lecciones y superado numerosos desafíos, pero a menudo nos cuesta valorarnos a nosotras mismas. Siempre he pensado: "Tengo toda una vida por delante. Ya me ocuparé de eso más tarde." Sin embargo, aquí estoy, casi a los cuarenta. Aunque espero tener otros cuarenta por delante, quiero asegurarme de apreciarme y amarme tal como soy hoy, todos los días, en cada momento.

Ámate a ti misma. Nadie puede amarte más que tú misma, así que comienza a hacerlo ahora mismo. ¿Qué se necesita para amarte y apreciarte? Trabaja en enamorarte de ti misma. Acepta quién eres, ámate por ser quien eres y sentirás una brisa fresca, porque habrás superado el mayor obstáculo para disfrutar de la vida a los cuarenta. Nunca volverás a ser quien eras antes, y preocuparte por eso es una pérdida de tiempo. En su lugar, concéntrate en amarte.

Tu mejor vida aún no ha comenzado hasta que te lo digas a ti. Aprovecha al máximo cada día de tus cuarenta años. Vive de tal manera que acumules experiencias inspiradoras y memorables para compartir con los demás. Respétate, admírate y perdónate. Comienza hoy. Hazlo.

Enamorarse de uno mismo es el primer secreto de la felicidad.[31]
—**ROBERT MORLEY**

---

[31] Robert Morley, www.quotefancy.com, Access date December 10, 2021, https://quotefancy.com/quote/1596484/Robert-Morley-To-fall-in-love-with-yourself-is-the-first-secret-to-happiness.

¿QUÉ PUEDO SACAR DE ESTE LIBRO?

1. Es normal sentirse diferente cuando llega tu cumpleaños, ya que un año puede traer muchos cambios. Permanecer igual no es realista; es importante seguir evolucionando.

2. A medida que envejeces, ganas en confianza.

3. Con el tiempo, te vuelves más consciente de lo que deseas en la vida. Sentir emoción por el proceso de envejecimiento es perfectamente válido.

4. Escuchar a tu cuerpo y mente es esencial.

5. No ignores las cosas que te molestan; abórdalas y busca soluciones.

6. Los cambios que desees ver se lograrán paso a paso.

7. No te quedes en silencio; busca conexiones con personas de tu misma edad, ya que es probable que compartan tus preocupaciones sobre los desafíos del envejecimiento.

8. Valora todas las experiencias que has tenido a lo largo de la vida.

9. Perdónate por tus errores; todos cometemos equivocaciones. Enmienda tus errores y discúlpate si es posible.

10. Dedica tiempo para ti todos los días, ya sean unas horas, una hora o unos minutos. Conectar contigo misma te brindará muchas respuestas.

11. Recuerda, la edad es simplemente un número. Este número no define tus metas, tus sueños ni tus logros.

12. Incúlcate esta idea (incluso a diario si es necesario): la edad es solo un número. Establece un recordatorio en tu teléfono, coloca una nota Post-it® en tu tocador o en un lugar visible para recordarlo cada mañana.

13. Mantén en mente todo lo que necesitas recordarte a diario.

14. Nadie tiene el derecho de decirte que eres demasiado mayor. Puedes lograr lo que desees sin importar tu edad.

15. Lo más importante es cómo te sientes, no lo que dice tu fecha de nacimiento.

16. No mientas sobre tu edad. ¿Por qué? Primero, te estarías engañando a ti misma. La honestidad contigo misma es esencial; la mentira no te llevará a ningún lugar. Además, las opiniones de los demás no importan tanto como lo que piensas de ti misma.

17. Las opiniones de los demás no deben afectarte. Ellos no viven tu vida; tú eres quien la vive.

18. Acepta los cambios como desafíos. ¡Tienes la capacidad de superarlos!

19. Comienza por encontrar tu propia felicidad. Luego, podrás ayudar y apoyar a otros en su búsqueda de la felicidad.

20. Valórate en el presente, no dentro de diez años. Si no lo haces, podrías lamentarlo.

21. Evita las comparaciones con otros. ¡Disfruta de tu propio camino!

22. Siéntete orgullosa de la edad que tienes.

23. Ama tu edad; es un testimonio de tus experiencias y sabiduría.

24. Cultiva el amor propio. Existen numerosas formas de lograrlo, investiga y descubre la que mejor te funcione.

25. Con el tiempo, todos llegamos a sentirnos en sintonía con nuestra edad.

26. Realiza chequeos médicos regulares todos los años. No tienes nada que perder y podrías prevenir problemas que serían más complicados de lo que imaginas.

27. Acepta los cambios y adáptate a ellos.

28. Busca la felicidad en cada día.

29. Practica la gratitud.

30. Experimenta la vida, encuentra maneras de abrazar los cambios y trabaja con ellos.

31. Recuerda, no estás solo; no estás perdiendo la razón.

32. Disfruta cada instante de tu vida; vive plenamente cada día.

33. No permitas que el miedo controle ni dirija tu vida.

34. Valora a las personas que tienen un lugar especial en tu vida.

35. Empieza a ahorrar, incluso si es solo un dólar al día.

36. Enfrenta y resuelve tus deudas, considera la consolidación si es necesario.

37. No compres todo lo que desees; aprende a ser consciente de tus gastos.

38. No te compares con otros. Si no puedes pagar tu tarjeta de crédito a fin de mes, entonces no te puedes permitir el gasto.

39. En su lugar, invierte tiempo en aprender sobre gestión financiera, ya sea a través de libros o videos en línea. La educación es poder.

40. Descubre el plan financiero que mejor se adapte a ti. Busca asesoramiento de expertos. Puedes encontrar asesores financieros en línea, muchos de los cuales ofrecen consejos gratuitos.

41. Continúa tu crecimiento personal; nunca dejes de aprender.

42. No sigas una tendencia si no te beneficia.

43. Tómate un momento para reflexionar. ¿Dónde deberías invertir tu tiempo? Reevalúa lo que es importante y lo que no lo es.

44. Las personas pueden hacerte sentir culpable cuando es necesario, pero no te conviertas en víctima de esos sentimientos de culpa.

45. No permitas que los sentimientos de culpa te dominen.

46. Conoce y comprende tus deseos y necesidades.

47. Asegúrate de encontrar la felicidad en ti misma en primer lugar.

48. Deja ir esos sentimientos de culpa maternal.

49. No cambies quien eres por los demás.

50. Aprende a aceptar los fracasos en tu vida, déjalos ir y asegúrate de extraer lecciones de cada experiencia.

51. Busca lo que te brinde alegría y felicidad, y vive plenamente.

52. Encuentra un trabajo que te llene de satisfacción día tras día.

53. Mantén una rutina de ejercicio.

54. Atrévete a probar algo nuevo, a explorar lo que nunca antes habías hecho, sin miedos.

55. Recuerda siempre: la vida es corta, así que busca la felicidad en cada momento.

Notas del diario

LOS 40 PERFECTOS

LOS 40 PERFECTOS

REFERENCIAS

Adesina, Precious. "Women Lying About Their Age Is Getting Old." www.refinery29.com. Last updated December 3, 2018. http://www.refinery29.com/en-gb/why-women-lie-about-their-age.

Batten, Joseph. www.picturequotes.com. Access date November 26, 2021. http://www.picturequotes.com/our-strengths-are-our-tools-our-personal-reality-our-weaknesses-are-only-what-we-are-not-quote-198452.

Berry, William. "Acceptance: It Isn't what you think." www.psychologytoday.com. Last updated June 27, 2015. https://www.psychologytoday.com/us/blog/the-second-noble-truth/201506/acceptance-it-isnt-what-you-think.

Borland, Kelsi Maree. "After 2020, More Millennials Doubt Homeownership." www.globest.com. Last updated February 11, 2021. http://www.globest.com/2021/02/11/after-2020-more-millennials-doubt-homeownership/?slreturn=20211030180758.

Bursten, Ketura. "7 Serious problems Millennials face today." www.therapyinbeverlyhills.com (blog). Access date December 10, 2021. https://www.therapyinbeverlyhills.com/7-serious-problems-millennials-face-today/.

Chanel, Coco. www.azquotes.com. Access date December 5, 2021. https://www.azquotes.com/quote/1358434.

Council of Economic Advisers, The. "15 Economic Facts About Millennials." White House. Last updated October 2014. https://obamawhitehouse.archives.gov/sites/default/files/docs/millennials_report.pdf.

de Azevedo Hanks, Julie. "5 ways to stop guilt trips and start being assertive." www.newharbinger.com. Last updated February 20, 2017. https://www.newharbinger.com/blog/self-help/5-ways-to-stop-guilt-trips-and-start-being-assertive/.

Einstein, Albert. www.brainyquotes.com. Access date December 5, 2021. http://www.brainyquote.com/quotes/albert_einstein_125368.

Ellis-Bextor, Sophie. www.brainyquotes.com. Access date December 10, 2021. https://www.brainyquote.com/quotes/sophie_ellisbextor_428884.

Ford, Henry. www.brainyquote.com. Access date November 29, 2021. http://www.brainyquote.com/quotes/henry_ford_133753.

Frazee, Gretchen. "Millennials report more stress than older Americans during Pandemic." www.pbs.org. Last modified August 8, 2020. https://www.pbs.org/newshour/health/millennials-report-more-stress-than-older-americans-during-pandemic.

Hanson, Melanie. "College Graduation Statistics." www.educationdata.com. Last Modified August 9, 2021. https://educationdata.org/number-of-college-graduates.

Hawn, Goldie. "Goldie Hawn Quotes." www.brainyquotes.com. Access date July 12, 2021. https://www.brainyquote.com/quotes/goldie_hawn_387167.

Hepburn, Audrey. www.quotefancy.com. Access date November 29, 2021. http://quotefancy.com/quote/3886/Audrey-Hepburn-The-beauty-of-a-woman-is-not-in-a-facial-mode-but-the-true-beauty-in-a.

Jung, Carl. www.goodreads.com. Access date December 5, 2021. http://www.goodreads.com/quotes/4483092-life-really-does-begin-at-forty-up-until-then-you.

Kambli, Dimple. www.yourquote.com. Access date November 26, 2021. http://www.yourquote.in/dimple-kambli-dxf4/quotes/don-t-feel-guilty-for-doing-what-s-best-you-bcdv7.

Kerouac, Jack. www.brainyquotes.com. Access date November 29, 2021. https://www.brainyquote.com/photos_tr/en/j/jackkerouac/119789/jackkerouac1.jpg.

Livingston, Gretchen. "They're waiting longer, but U.S. Women today are more likely to have children than a decade ago." www.pewresearch.com. Last updated January 18, 2018. https://www.pewresearch.org/social-trends/2018/01/18/theyre-waiting-longer-but-u-s-women-today-more-likely-to-have-children-than-a-decade-ago/.

Mandela, Nelson. https://www.pinterest.com/pin/543668986245093192.

Mitchell, Elizabeth. www.enquoted.com. Access date December 5, 2021. https://www.enquoted.com/elizabeth-mitchell--if-you-try-to-stay-young-forever-you-don-t-really-live-quote.html.

Morley, Robert. www.quotefancy.com. Access date December 10, 2021. https://quotefancy.com/quote/1596484/Robert-Morley-To-fall-in-love-with-yourself-is-the-first-secret-to-happiness.

Rowling, J. K. www.goodreads.com. Access date December 5, 2021. http://www.goodreads.com/quotes/67454-understanding-is-the-first-step-to-acceptance-and-only-with.

Salmonson, Karen. "7 aging quotes: inspiring reminders to feel happy about getting older." www.notsalmon.com (blog).

https://www.notsalmon.com/2018/11/10/aging-quotes-inspiring/. Access date December 1, 2021.

Schilling, Deb. "You're Turning 40-Embracing Both Physical and Emotional Changes at this Milestone Birthday." www.mankatoclinic.com. Last updated February 9, 2015. http://www.mankatoclinic.com/youre-turning-40.

Smith, Brad. www.picturequotes.com. Access date November 29, 2021. http://www.picturequotes.com/millennials-and-the-generations-that-follow-are-shaping-technology-this-generation-has-grown-up-quote-1008269.

Tabaka, Marla. "Some see Millennials as lazy and entitled." www.inc.com. Last modified September 7, 2018. https://www.inc.com/marla-tabaka/some-see-millennials-as-lazy-entitled-yet-they-may-be-most-successful-generation-of-our-time.html.

Wrigley, Jessy. "Why do I feel guilty for no reason?" www.myonlinetherapy.com. Last updated March 6, 2020. http://myonlinetherapy.com/why-do-i-feel-guilty-for-no-reason.

URLs

acog.org. https://www.acog.org/womens-health/faqs/having-a-baby-after-age-35-how-aging-affects-fertility-and-pregnancy#.

Merriam-Webster. https://www.merriam-webster.com/dictionary/guilt-trip.

https://www.choosingtherapy.com/midlife-crisis-in-men/

Reading List

Hills, Maisie. *Perimenopause Power*. ISBN: 978-1472978868.

Lee, John R., MD. *What Your Doctor May Not Tell You About Premenopause: Balance Your Hormones and Your Life from Thirty to Fifty*. ISBN: 978-0446673808.

Mead, Lindsey. *On Being 40 (ish)*. ISBN: 978-1501172120.

Sellers, Ronnie, ed. *40 Things to Do When You Turn 40*. ISBN: 978-1569069868..

SOBRE EL AUTOR

Lana Shabdeen nació en Uzbekistán y vino a California con toda su familia cuando tenía 16 años. Siempre interesada en la autoayuda y el crecimiento personal, espera que este libro te inspire a crecer como individuo, a ser feliz y a amarte a ti mismo. no importa qué. Todavía vive en California con su marido, Rim, dos hermosas hijas, Amelia y Ariana, y un perro Maltipoo llamado Jake.

www.ingramcontent.com/pod-product-compliance
Lightning Source LLC
Chambersburg PA
CBHW051916160426
43198CB00012B/1916